いますぐ深読みできる

フレンドリー・タロット

いけだ 笑み

太玄社

はじめに

　この本は、2014年に出版された『スグヨミフレンドリータロット』（カイロン出版）に、小アルカナの細密解説と、新オリジナルスプレッドを加筆し、全体を改訂したものです。

　私がタロットカードに出会ったのは、小学生のときです。そのころの私は、「バックギャモン」というボードゲームに熱狂しており、大会に参加しては景品をいただくのが楽しみでした。私はたいてい3000ピースの巨大ジグソーパズルやルービックキューブをもらって満足していたのですが、景品ももらいつくしたある日、ふと目にとまったのがＵＳゲームス社のタロットカード「ウェイト・スミス版」でした。

　最初のカードを手にしてから、まともなガイドブックを得るまで、私はずっとデッキ付属の小冊子だけを頼りに何年もカードを読み続けたものです。当初はそれで十分に思えたからです。そして、実は今でも私はデッキ付属の小冊子の重要性を主張し続けています。カードのメッセージを読むためには、研究書や個々のリーディング解釈例よりも、各カードに対する「単語」が必要だからです。多すぎても

ダメ、少なすぎてもダメ。そのサジ加減が付属小冊子はちょうどよいのです。

　この本を書き始めたのは、カードを展開しながらすぐに引き出せる単語集を、自分が欲しかったことがきっかけです。できるだけ簡潔かつ手軽で、必要箇所が開ける工夫を凝らした本書は、持ち歩けることを想定したデザインになっています。

　この本では、タロットカードを手にしてすぐに、深いリーディングができるように、繰り返し登場する図象や数の意味を解説しています。図象や数は普遍的な共通用語なので、応用のきいたリーディングを可能とするからです。また、78枚のフルデッキを無理なく記憶して使いこなせるように、カードが織りなす物語のしくみを説明しています。

　巻末のコートカードを使った相性占いは、今この瞬間に「相手が自分のことをどう思っているのか」がすぐわかる解釈集です。繰り返し占える、画期的な相性占いをご紹介しています。気になるあの人との関係をその都度占うことができます。ぜひお楽しみください。

フレンドリー・タロット

❖

目次

第6章 コートカードで占う
相性まるわかり徹底解釈　*175*

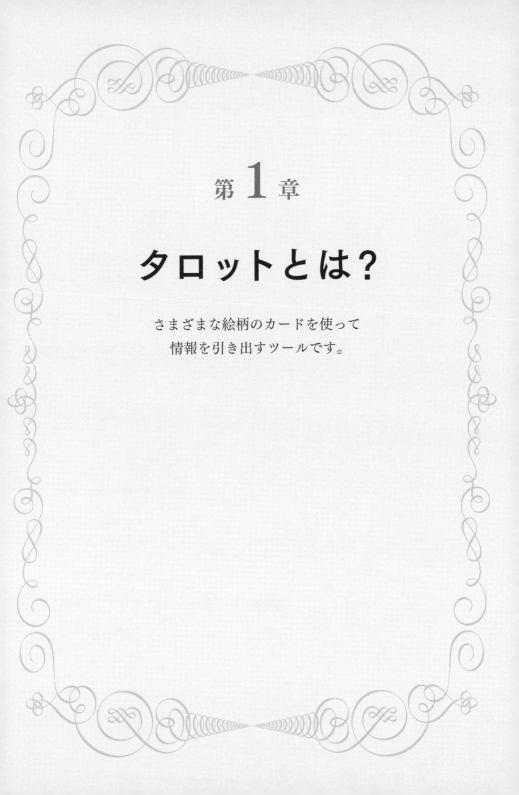

第 1 章

タロットとは？

さまざまな絵柄のカードを使って
情報を引き出すツールです。

タロットに何ができる？
～タロットの意義を考える～

　人がある行動に至るプロセスを分解してみると、まず「想念（イメージ）」のようなものが漠然とあって、それに対して「感情」が反応します。好きだとか嫌いだとか気持ちいいだとか恐ろしいだとか、そういう原始的反応です。原始的反応が次第にその人の考え方や「思考」に反映され、思考が習慣となり、最終的にその人が何をするかという行動に結びつきます。そして、行動が事象を生み、事象がさまざまな結果に結びつくのです。

　イメージが行動に至るまでのプロセスは、常に他者や環境からの介入や刷り込みといった刺激やストレスにさらされながら、ねじ曲がっていくのが通常です。つまり、当初のイメージどおりの行動に至ることはめったにありません。

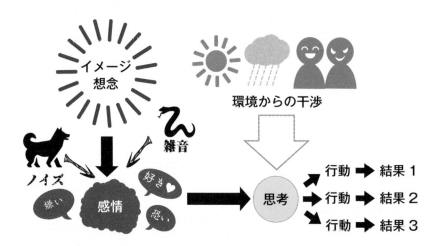

　不幸な判断をしがちなとき、あるいは、もっとそれがこじれて病んでいる状態というのは、行動に至るプロセスの極初期段階であるイメージや感情が「恐れや不安」を発端としていたり、過去に失敗したイメージ

が強すぎたり、親や環境からの「うまくいくわけがない」との刷り込みから派生した思考に基づいて習慣が生まれ、行動に至ります。

　そうなってしまった場合、いくら良い考えを持って良い行動をしようとしても、知らず知らずに不幸な選択を繰り返してしまうという悪循環に陥ります。

　この循環サイクルから抜け出す方法として、たとえば自分より成功している人や尊敬できる人のアドバイスを仰ぐなどの試みが挙げられます。「だれかに相談しなさい」と、よく言いますよね。要するに、うまくいっていないときの自分の判断は、あまり良くない結果を生み出しがちなので、別のところから情報を入れ直す試みです。

　ところが、"類は友を呼ぶ法則"からいって、本心から相談できる身近な相手というのは、通常自分と似かよった人生のサイクルや波長を持っているものです。残念ながら、破滅的サイクルに陥った人のすぐそばに、福に満ちた人がいることは稀なのです。また、悪循環の元凶となった相手にわざわざ相談を持ちかけることで、失敗イメージをより屈強なものに上塗りする人も少なくありません。

　実はタロットカードから引き出した情報にも、そういった類友の法則が強烈に働くことがあります。しかし、カードのほうがもっとずっと無機質な本質をもつため、より中立的で、ちょっとした儀式的行為やシャッフルするなどの簡単な方法で、エネルギーのリセットがしやすいと考えてみることができます。

　第5章「読み方のコツ」の逆位置の解説でも詳しく説明していますが、波長が悪すぎてうまく情報が引き出せないときは、必ずカードが混乱した展開になります。だからすぐに、ちゃんとしたリソースにつながらなかったことがわかります。具体的には、逆位置ばかり出るときがそれです。そういったときは、悪循環にカードも共鳴してしまったのだと諦めて、シャッフルし直すか、時間をずらすか、日を改めてから、情報を引き出し直すのもよいでしょう。

さらに、タロットカードには、人間のより原始的な本質に、直接働きかけることができる絵柄や数字が描かれているため、イメージを強烈にリセットする力があります。

　シンボルのもつ力について、たとえば、日本の国旗を例にとって考えてみましょう。白地に赤い丸が描かれている図象を目にしたときに受け取る印象はさまざまです。純白に赤いスポットを見て、生理や血を連想するときもあれば、梅干しに見えるときもあります。日の出や日の入りを示しているととる場合や、円から「和」を連想するなど、さまざまです。
　このように、私たちがひとつのシンボルから受け取る印象というのは、実に豊かで、上位のものから下位のものまで、すべてを同時に印象として受け取ることもできるのです。
　どのカードにもそれぞれの意義があり、悪いカード、怖いカードというものは、本当はありません。どのカードにも等しく、ポジティブな側面とネガティブな側面があるだけです。

タロットカードの結果は絶対か？

　否。運命とは本質的に、まったくもって流動的なものです。それでいて、実際には何をやっても動かしがたいのが天命です。
　タロットカードの介入くらいで、絶対的な宇宙の法則を塗り替えてしまうだけの影響は持ちえません。天命とは、それだけ動かしがたいものであると同時に、それを甘受する私たちには、その中で何を学び、どのように経験し、どう感じるかの部分で絶対的な自由が与えられています。
　出来事そのものに良い意味も悪い意味もありません。意味を与えるのは受け手である我々であり、そういう意味では、大宇宙と小宇宙は完全に対等です。どちらが先かすらわかりません。私たちはその瞬間瞬間に、無数に存在する天命をテレポーテーション（瞬間移動）しながら、その

ときどきでフォーカスしている人生を紡いでゆく存在だからです。

　タロットカードで出た結果は、その時点でのあなたの自由意志と天命がどういった関係にあるかを、映し出しているにすぎないと考えてみましょう。

　ひとつの出来事に対して、それが自分にとって不都合なものと感じたり、好都合と感じたりする、という非常に流動的な部分を示しているのが、目の前に展開されたカードの並びです。

　ですから、結果がすべてと思って一喜一憂しなくてもよいのです。瞬間瞬間に何かを読み取り、学び、成長しようとしているかぎり、結果に縛られる必要はまったくありません。

 # タロットカードは友達

　タロットカードを神託のようにとらえ、絶対的な運命を告知してくるものと考えてしまうと、引くのが怖くなったり、引いたことでかえって問題が大きくなるなどと構えてしまうかもしれません。ですが、「タロットに何ができる？」のページで説明したように、ひとりでぐるぐる考え込んでいるよりは、友達（タロット）に相談したほうがいいと考えることで、まったく新しい世界と可能性が開けてきます。

　こんなにもフレンドリーで、なんでも話せる相手がほかにいるでしょうか？

　健康で自信に満ちているときは不思議とタロットを引かなくなるので、せっかくのパワフルなイメージに水が差されそうだなと感じるときは、カードを遠ざければよいのです。遠ざけたからといって、二度と戻ってこない生身の友人と違って、タロットはいつでも必要なときにそこにいてくれます。

私は、小学生のころからタロットカードと対話し続けていますが、それが悪影響になっていると感じたことはほとんどありません。

　今、起こっていることの意味を問うことの何がいけないのでしょうか？　人間は全身全霊で意味を求めるサガを持っています。ですから、いつだって友との対話を必要としているのです。

第2章

カードの解説
大アルカナ
Major Arcana

大アルカナは大きな出来事、
その人にとって深い意味をもつ事柄、
魂レベルでの意味を示すカードたちです。
0 〜 21 までの番号を持ち、
22 枚で構成されています。

大アルカナ

78枚の内訳

大アルカナとは何かを、タロットカード全体の構成から知りましょう。

① 大アルカナ
0 〜 21までの番号をもつ**22枚**

② 小アルカナ
4つのスート〈ワンド（棒）・ペンタクルス（貨幣）・ソード（剣）・カップ（杯）〉各10枚からなる**40枚**

③ コートカード
4つのスート〈ワンド（棒）・ペンタクルス（貨幣）・ソード（剣）・カップ（杯）〉を、4種類の役職〈キング（王）・クイーン（女王）・ナイト（騎士）・ペイジ（小姓）〉に描き分けた**16枚**

　3つのセクションからなるひとつめは、**大アルカナ**（ major arcana ）とよばれます。アルカナとは、ラテン語の arucanum の複数形で、「隠されたもの」、つまり「秘密」「神秘」「秘儀」「奥義」「秘薬、霊薬」などの意味を持ちます。アルカナの中でもメジャーなものである大アルカナは、タロットカードにおいては重要な役割を担い、大アルカナが展開された位置には深いメッセージが込められていると解釈し、他のカードと区別して読んだほうがリーディングにメリハリが出ます。

　小アルカナ（ minor arcana ）は、大アルカナよりも、地上的かつ日常的な事象を具体的に示すカードです。あまり深読みせずにカードのもつ意味や図象から受けるインスピレーションをそのまま読むとよく当たります。

　コートカードは、質問に関係する、あるいは影響を与える人物を示します。

　大アルカナ、小アルカナ、コートカード、逆位置、それぞれの担う役割を明確に読み分けることが、うまくメッセージを受け取るキモとなります。

カードのオーダー（順列）

　カードの正しいオーダー（順列）については、デッキによってさまざまです。特に0番の「愚者」に関しては、番号自体が振られていないジョーカーのような扱い、または最後の22枚目に位置付けられる、小アルカナの最初あるいは最後に付けているなど、神出鬼没といえるキーカードです。

　本書で扱うウェイト・スミス版タロットデッキでは、愚者は始まる以前の位置である、0番目に位置付けてあります。

　また、ウェイト・スミス版の特徴は、旧来の8枚目「正義」と11枚目「力」のカードが、8枚目「力」11枚目「正義」と入れ替わっています。入れ替わってはいるのですが、図柄をみると、力のカードに描かれた女神の頭上には、永遠を示すレミニスカート「∞」が描かれています。∞マークが登場するカードは3枚。「魔術師」と「力」と「世界」で、旧来の番号オーダーであれば、3枚それぞれが、1枚目、11枚目、21枚目という具合に「1」の数、すなわち始まりの位置に∞のシンボルが描かれます。ウェイト・スミス版では、8枚目と11枚目を入れ替えたものの、シンボルは旧来のオーダーを暗示させる位置に残しているという、ダブルスタンダードともいえる方法がとられています。

　デッキによってカードの順列が違っているということは、当然デッキそれぞれに解釈が違ってくるという意味でもあるので、「はじめに」でも書きましたが、タロットカードをリーディングするときの最も強い味方は、デッキ付属の案内書や小冊子であることを知っておきましょう。

　タロットカードには、さまざまなアルカヌーム（秘儀的な意味）が込められていることは確かですが、シンボルを自由に解釈したり、デッキによる絵柄や順列の違いを楽しむことができる遊び道具であることも忘れてはいけないと、私は考えています。好きな絵柄を選ぶことが重要ですね。

生命の樹と大アルカナの関係

エデンの園の中心地にそびえ立つ大木は、「生命の樹」と呼ばれ、その実を食べると神の血（知）が手に入るといわれています。

ユダヤの神秘思想カバラでは、この樹を「セフィロトの樹」と呼び、樹のシステムを図解にしました。

セフィロトの樹の図表は、ウェイト・スミス版タロットをつくった、エドワード・ウェイトと画家パメラ・コールマン・スミスが関係していた魔術結社「黄金の夜明け団」では、タロットカードに関連付けられていました。

生命の樹は、10 個のセフィロトと、それをつなぐ 22 本のパス（道）からなり、それぞれのパスに、22 枚の大アルカナが関連付けられています。

10 個のセフィロトは英語読みではスフィア、つまり球体を意味し、球体は惑星のことで、小アルカナにおける各スートの 1 〜 10 までに対応しています。

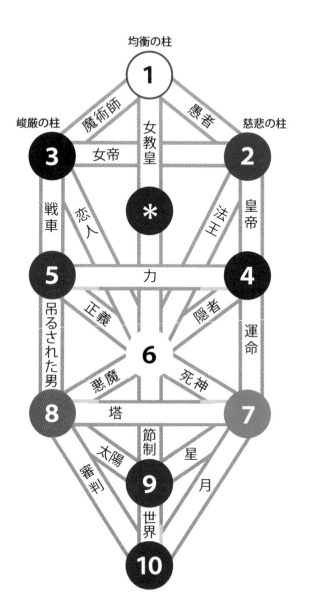

均衡の柱

峻厳の柱　　慈悲の柱

魔術師　女教皇　愚者

女帝

1

3　　2

＊

戦車　恋人　法王　皇帝

5　　力　　4

吊るされた男　正義　隠者　運命

6

悪魔　死神

8　　塔　　7

太陽　節制　星

審判　　月

9

世界

10

番号	セフィロト	大天使／惑星	色
①	ケテル 王冠	メタトロン 第十天	白
❷	コクマ 知恵	ラツィエル 黄道十二宮	灰色
❸	ビナー 知性	ザフキエル 土星	黒
❹	ケセド 慈愛	ザドキエル 木星	青
❺	ゲブラー 法	カマエル 火星	赤
6	ティフェレト 美	ミカエル 太陽	黄
❼	ネツァク 永遠	ハミエル 金星	緑
❽	ホド 尊敬	ラファエル 水星	橙
❾	イェソド 基礎	ガブリエル 月	紫
❿	マルクト 王国	サンダルフォン 地球	レモン 小豆 オリーブ 黒
＊	ダアト 知識		

パス	タロットカード (No.)
アレフ (Aleph)	愚者（0）
ヴェー (Beth)	魔術師（1）
ギメル (Gimel)	女教皇（2）
ダレット (Dalet)	女帝（3）
ヘー (He)	皇帝（4）
ヴァヴ (Waw)	法王（5）
ザイン (Zayin)	恋人（6）
ヘット (Cheth)	戦車（7）
テット (Teth)	力（8）
ユッド (Yod)	隠者（9）
ハフ (Kaph)	運命（10）
ラメッド (Lame)	正義（11）
メム (Mem)	吊るされた男（12）
ヌン (Nun)	死神（13）
サメフ (Samech)	節制（14）
アイン (Ayin)	悪魔（15）
フェー (Pe)	塔（16）
ツァディ (Sadhe)	星（17）
クフ (Koph)	月（18）
レーシュ (Resc)	太陽（19）
シン (Sin)	審判（20）
タヴ (Tau)	世界（21）

　生命の樹とタロットカードの解釈は、複雑で神秘的なものですが、基本的にはケテル（王冠）からさまざまな変容を経て、マルクト（王国）に至る様子が描かれています。王国とは、この世のことだとすると、神的なものと一体だったものがそこから分離して、個としてこの世に誕生するプロセスが、大アルカナの物語だと考えることができるでしょう。

0

愚者
[THE FOOL]

キーワード
無邪気、怖いもの知らず、衝動、向こう見ず、無計画な旅、放浪、自由奔放、束縛されない人、気ままな門出、可能性、抑えられない衝動

逆位置：愚かさ、軽率、無慈悲、取り越し苦労、思い切りの悪さ、逃避行動、間違うことを恐れている、バカになりきれない

　どの数字にも属さない、始まり未満のカードです。この世に実体化する限り、避けられない存在の不安や苦悩や喜びなど、何も知らない愚者。まだ「恐れ」を知らず、絶対的な自由の中にさまよっているのです。無邪気で奔放な愚者には、足元の崖が見えません。

　犬は境界線を守る象徴として、度々タロットカードに現れますが、ここでも愚者に崖の存在を知らせようと吠えています。

　愚者のもつ袋には、１のカードの魔術師がテーブルの上に広げることになる、この世のすべてを構成するために必要な「四つの元素」が入っているといわれます。

　愚者が背にしているのは太陽に象徴される光の世界です。かつて全体として光に属していた愚者は、悩みも何もない状態でした。今はそれに背を向けて崖に向かってフラフラと歩き出したのです。光である自分をもう一度、体験したいからです。崖の下に落ちてしまったが最後、「世界」に至るまでの誕生のプロセスが始まってしまうというのに。

　愚者のカードを引いたときは、その人が極めて無鉄砲な状態にあり、周囲の警告やアドバイスが耳に入らないことを示します。根拠のない万能感は、その者がまだ現実を知らないことから来ており、「経験したくてうずうずしている」ため、老婆心が何を説いても無駄です。この無邪気さは「経験」することでしか解消されないのだから、先へ進むほかないのです。

　人はそれを「愚か」というかもしれません。しかし、愚かでないと経験できない人生の素晴らしい蜜の数々への冒険を、誰が止めることができるでしょう。

I

魔術師
[THE MAGICIAN]

キーワード

始まり、万能感、ワクワク感、計画、準備、アイデアが浮かぶ、インスピレーションを得る、試してみようとする、可能性の吟味、手近なものへ着手する

逆位置：計画倒れ、着手できない、二の足を踏む、いやいや進める、見切り発車、乗り気ではない、一部足りない要素があるままのスタート、勢い不足、準備不足

　始まりを示す1番目のカードです。愚者がうっかり経験すること
を選んでしまったがゆえに、この世に生まれる準備が整ってしまっ
たと考えてもよいでしょう。魔術師は愚者の旅支度をほどいて机の
上に四つの元素を並べました。ワンド、ペンタクルス、ソード、カッ
プ。道具は揃ったのです。

　魔術師の頭上には、永遠を示す「レミニスカート」と呼ばれる冠
が輝き、腰には自分の尻尾を食べるウロボロスが巻き付いています。
ウロボロスは死と再生の象徴です。そのことからも1番目のカード
には、誕生のプロセスが始まるための「すべてが揃っている」こと
が繰り返し強調されています。

　魔術師の右手は天を、左手は地を指しています。右手は愚者がさ
まよっていた光の世界、左手は地上界、つまり「世界」のカードを
指しているかのようです。

　魔術師のカードを引いたときは、多くの可能性を秘めているとき
です。準備万端で、整ったのでしょう。何かを始めようと想起する
のは、必要なものがすでに揃っているときともいえます。

　見落としていけないのは、このカードが「始まり」を意味するか
らといって、自動的に何かが起こるのではないということです。こ
のカードが指し示しているのは、「あなたには必要なものがすべて
揃っている」という現状。そこから何を始めるか、どう料理するか
はあなた次第です。

II

女教皇
[THE HIGH PRIESTESS]

キーワード
深い知識、深い感受性、目撃者、思慮深さ、理解力、直観力の鋭さ、真理の探求、すべて知っている、陰、夜の属性

逆位置: 孤独、冷たい、理想主義、想像力の欠落、愚鈍さ、察しの悪さ、勘繰りや憶測、被害妄想、厳しすぎ、包容力のなさ、無理解、見て見ぬふりをする人

　深い受動性を示す２番目のカードです。女教皇のもつ巻物にはこの世の成り立ちの節理が示されているのだとか。しかしそれは半分ベールで隠されていて、万人に開かれているわけではないようです。彼女はすべてを認識している目撃者です。

　左右の黒い柱と白い柱はそれぞれに闇（Boaz　ボアズ）と光（Jachin　ヤヒン）とされ、カバラの生命の樹における「慈悲の柱」と「峻厳の柱」に対応しています。０と１のカードが何も始まっていない混沌の世界だったとしたら、ここで陰陽が極まって太極が生まれたと考えてよいでしょう。

　愚者の洋服に描かれていたザクロは固いつぼみでしたが、女教皇の背後のベールに描かれるザクロは少し開き始めているようです。

　女教皇のカードを引いたときは、その人が物事をよく見てよく理解している、非常に思慮深い状態を指しています。そして相手の価値も欠点も知り尽くした上で受け入れている状態です。

　恋愛を占っていてこのカードが出ると、老成して枯れていると指摘する実践家もいます。しかし、男性原理は３の女帝のようにセクシーで魅力的な女性を欲するのと同じくらいに、自分のすべてを理解してただそこにいてくれる存在も欲しているという意味で、女教皇も十分に魅力的な女性といえます。

　光（陽・男性）は自分のすばらしさを知るために闇（陰・女性）を創造したという、神話でいうところの「闇」が女教皇のカードです。

女帝
[THE EMPRESS]

キーワード
豊満、豊穣、実り、妊娠、生産性、幸福感、魅力、人気、
モテる、創造的エネルギー、喜び

逆位置:贅沢、快楽主義、歓楽、淫乱、肥満、わがまま、
浪費、努力しない、残酷さ、無理解、欲張り

　豊かな実りを表す3番目のカードです。3は三角形を成す数で、生産性を象徴します。ひとつ前の女教皇の足下には月が描かれていましたが、女帝が座する椅子には金星の惑星記号が描かれています。

　占星術では、7つの惑星を使いますが、月と金星は女性原理を示す惑星で、月は母を象徴し、金星は愛と美を担い、恋人や情婦あるいは愛玩的対象を象徴します。そういった理由から、占星術の象意になじみのある人にとってこのカードが示す女性像は、2枚目の女教皇よりも情愛の対象としての女と解釈してしまいがちですが、ここで描かれているテーマはもっと広意であることは明らかです。

　女帝の背後には枯れることのない沸き水が大地に染み渡り、足下には黄金の稲穂が茂ります。愚者では固いつぼみだったザクロは実が膨らんで皮が開き、腹部の緩やかな膨らみは妊娠を連想させるほどです。地母神であるデメテルのイメージが、ウェイト・スミス版の女帝のカードには色濃く反映されているのでしょう。

　女帝のカードを引いたときは、質問内容が生産的な方向性を持っていて、周囲と調和しながら次から次へと実ってゆくことを暗示しています。また、その人が魅力的で愛くるしいがために、多くの人が力を貸してくれるでしょう。ガツガツ頑張らなくても、山から栄養をたたえた水が自然と降り注ぐように、豊かさを受け取ることができる状態です。

　もちろんこのカードが、妊娠や家族が増えることを知らせる場合や、財産が増えること、作物が豊作であったり、漁が大漁であることを示すこともあります。逆位置であれば、贅沢、やりすぎ、浪費などを暗示することもあるでしょう。

IV

皇帝
[THE EMPEROR]

キーワード

安定、揺らぎなさ、厳しさ、近寄りがたいが頼れる人、
分別のある態度、動かせない、威嚇的、計画の達成、
地位を得る、立場がはっきりする、あぐらをかく

逆位置：支配的、自慢、不安定、すべてをコントロー
ルしようとする、権力を笠に着る、苦労性、自分だ
け必死になるが周囲がついてこない、統率力のなさ

　力と安定を示す４番目のカードです。玉座の後ろにそびえる山岳の峰々は、王の厳しさを示すと同時に、彼がひとつの山脈のトップに君臨していることを表しているかのようです。

　１の魔術師がテーブルの上に広げていた４つの元素を始め、四季や方位など四方に引っ張り合うエネルギーは安定性の象徴です。エジプトのピラミッドは、底辺が四角形で、側面が三角形で構成されていることから、４の安定性と３の生産性を併せ持った建造物といわれています。ウェイト・スミス版では皇帝は真正面を向いており、玉座の四隅が四角くなるように描かれています。四角の中心に座する王は、魔術師の四大元素が実体化して初めて人の形を成し、安定した状態なのかもしれません。

　四角の頂点に羊の頭が４つ描かれていますが、それはこのカードが占星術の牡羊座に関連付けられることもあるからです。

　皇帝のカードを引いたときは、自分が携わってきたことが、当たり前になってきて普遍化されたと考えるとよいでしょう。あれこれ説明せずとも王様は王様だという、誰もが認める価値がそこにあるというときに出るカードです。それは揺るぎなく動かしがたい力です。

　何かを極めて、その筋のトップに上り詰めたり、大御所と呼ばれる立場に這い上がったとき、立場が保証されたとき、オーソライズされたときなどにも、このカードは登場します。

　自然発生的あるいはステップを積み重ねて上り詰めたのではなく、なかば無理矢理、力づくで、あるいは虚像を掲げて偉ぶるような場合は逆位置に出るかもしれません。

V

法王
[THE HIEROPHANT]

キーワード
布教、考えや知識を広める、広告、洗脳、説得力、陶酔、導き手、伝統的な価値観、教える、継承者、見習う、発表する、歌を聴かせる、慈悲深さ

逆位置：説明不足、理解されない、独りよがり、マイルール、同情心の欠落、不器用、詐欺師、強引な勧誘、人の話を聞かない

　王国を治める頂点は皇帝ですが、教会もまた国家を成り立たせるために不可欠な支柱です。皇帝と法王は対等でなければならず、かのローマ帝国の滅亡の原因のひとつに教会が力を失ったことが挙げられるほどに、教会は大切な柱なのです。5番目のカードの法王は、人々に法律と道義心を説き、国家という器に入魂する役割を果たします。

　法王が解く教義はどこから来ているのかを推測すると、2枚目の女教皇が手にしていた巻物に記された世界の秘密からと考えるのが自然です。法王の足元の箱には鍵クロスが描かれ守られていますが、ここに女教皇の巻物が入っていると考えることもできます。

　法王の両脇下にはハゲ頭の男が対になって描かれています。頭がハゲているのは、何のガードもなく無防備な状態で説法をそのまま受け入れることの象徴なので、このカードには洗脳的な意味合いもあるでしょう。

　男はそれぞれに、ユリの花とバラの花の衣装をまとっており、ひとりは純白の理念、もうひとりは肉体性を示しています。つまり、ひとりは説法の精神性を受けとり、もうひとりは身体で骨肉となる生活態度や食事の習慣的な部分を受け取っているのです。

　ユリとバラは魔術師のカードにも出てきた三位一体の一部と考えてもよいでしょう。三位一体が何を表しているかは一概にはいえませんが、父と子と聖霊を「言葉を発するもの（父）、言葉（子）、言葉によって伝わる愛（聖霊）」とする説もあり、このカードの図柄はまさにそれを描いたものと思われます。

　法王のカードを引いたときは、何かに心酔しながら傾倒していくときだと思われます。簡単にいうと、何かにハマった状態のときなどによく出てくるカードです。それは三位一体が成立したときに、人は生きることに心酔するからです。4つの元素を結ぶ点で実体化した皇帝は、5番目のカードで一つの信念体系に取り込まれたのです。

　洗脳したりされたり、説得したり、教えたり習ったりするときにも出るカードです。

VI

恋人
[THE LOVERS]

キーワード
恋愛、出会い、ときめき、選択、分岐点、試しなが
ら自分に合ったものを探す、迷う、相手に合わせる、
人に合わせる、適応力

逆位置：決断できない、両てんびん、二股、たぶらかし、
はっきりしない態度、不仲、誤った判断、迷いすぎる、
人の影響を受けすぎる

対になった2人の男女が描かれた6番目のカードです。ウェイト・スミス版では男女とそれをつなぐ天使のシンプルな構図ですが、マルセイユ版では男性を挟んだ2人の女性が登場。理性と肉欲の板挟みが描かれているように見えることから、カードの解釈に決断や優柔不断など、選択に関わる意味があったようです。

解釈の難しいカードですが、重要なのは、0から5までのプロセスには対等な第三者は登場しないということです。法王の足元にいた受け手の象徴である2人のハゲ頭の聞き手とは、まったく違った存在です。初めての他者を認知することから生まれるドラマはさまざまで、ときにはコントロールできないものになります。

このカードを引いたときは、質問に対する第二の要因があり、あなたの意志だけで物事を動かすことはできないことを教えてくれています。恋愛はひとりではできませんからね。

このカードは、単純に「出会い」や「恋の始まり」を予告している場合もありますし、周囲に配慮しながら決断していかなければならないことを示している場合もあります。

また、恋の相手を見つけるにせよ、ある進路を選ぶにせよ、そうすることで手放さなければならない何かがあるものです。両手に何か持ったまま別の何かを手に取ることはできないからです。人生の岐路に立っているときにも、このカードは現れます。

VII

戦車
[THE CHARIOT]

キーワード

前進、突撃、一途さ、脇目もふらない様子、士気を上げる、
鼓舞する、猪突猛進、戦い挑む、勢いで押し切る、手綱を
握る、バラバラなものを一つにまとめる力、統制をとる

逆位置:手綱を握れない、コントロール不能、暴走、引け腰、
押し出しの弱さ、弱腰、エネルギーの分散、散漫、迷惑
暴走

　脇目もふらずに前進するエネルギーを示した戦車のカード。ひとつ前のカードで迫られた決断は、このカードではもうくだった後なので、一切の迷いは払拭されているはずです。

　白と黒という対極的な色を持ち、別々の方向を見ているスフィンクス。これを手綱も付けずに操る技術を、戦車に乗る人物は持っているのでしょうか？　持っているとしたら、この人には無秩序なものを同じ方向に進撃させるだけの卓越した技術と、それを遂行する強引さがあることは明らかでしょう。色違いのスフィンクスは、6のカードの恋人で迫られた選択肢を象徴しているようにも見えます。

　ウェイト・スミス版では、戦士の頭には太陽の冠、両肩には月の鎧を着ていることから、この馬車は天空を走るアポロンの日輪の馬車と考えられます。夜と昼と星を御するアポロンの力を担うカードですから、相応の秩序と統制力を有するはずです。

　鎧に描かれた月との関連からか、このカードを蟹座に結びつける流派もあり、蟹座的性質がリーディングに反映されることもあります。

　このカードを引いたときは、前進あるのみだと告げられているのです。周囲に配慮して二の足を踏んだり、少しでも注意力がそがれると、たちまちスフィンクスたちは暴れだして馬車は脱輪するからです。盲目的であればあるほど、このカードのエネルギーは素直に流れます。脇目もふらずに愛を貫くときです。

VIII

力
[STRENGTH]

キーワード
力、勇気、手なずける、包容力、忍耐力、優しさ、
相手のすべてを受け入れる、従わせる、自信に満ち
落ち着いた様子

逆位置：力ずくの支配、相手をコントロールしよう
とする、条件付きの愛、恐れからの行動、弱気、自
分に自信がない

力を示す8番目のカードです。平安で慈悲深い表情の女性が、こともなさげに獰猛な獅子を完全に手なずける様子が描かれています。ここで体現される力が、剛腕や暴力に頼るものではないことは明らかでしょう。

「北風と太陽」の童話のように、暴力や権力による強要は、大きな抵抗や反発を奮起させますが、圧倒的包容力や愛による促しは、相手の態度をたちまち軟化させることができます。このカードは後者の力を描いたものと思われます。

ところで、女性の頭上には魔術師の頭上にあったものと同じ∞（レミニスカート）がありますが、その理由は、古くは力のカードが8番目ではなく11番目にあったことに由来すると思われます。大アルカナは1から10の「運命の輪」までのファーストセットと、11から22までのセカンドセットから成り立っており、それぞれの始まりにあたるカードがレミニスカートを持っていました（P18「カードのオーダー」参照のこと）。

このカードを引いたときは、自分（あるいは質問の対象）の潜在能力の強大さが暗示されているとみなしてよいでしょう。その力は、何かを無理強いしたり、説得することで発揮されるのではなく、慈悲深い態度や相手を完全に受け入れて手中に収めることで、こともなげに行使されます。

自信があるときにも登場するカード。人に無理強いしたり、暴力で何かを制しようとするのは、自信のなさや不安の表れです。自信がある人は、決して無理強いはしません。落ち着き払っているし、罪悪感がないので怖いものもなく、騒ぎ立てたりもしないでしょう。

IX

隠者

[THE HERMIT]

キーワード

孤高、精神性の高まり、研究者、世捨て人、世俗的
ではない、浮世離れした、人生を照らす光の探求、
先駆者、出家、宗教心、精神世界への興味

逆位置: へんくつもの、下山、世俗的な、プライド
の高さ、選民意識、常識がない、浅い知識、机上の
空論、協調性のなさ、年老いた、すり減った

　小さなランプをガイドに、暗闇を孤独に進む放浪者が描かれている９番目のカード。この老人は、０の愚者のなれの果てとの解釈も。ランプの灯は、老人の内に灯る知恵の光です。ウェイト・スミス版では、ランプにユダヤ教のマークが描かれていますが、マカバイ記の中で最も重要な教えは「知識は光」とされています。そして、この人間にとって最も崇高な光は、愚者が背にしていた太陽、つまり「光の存在」の欠片ともいえるでしょう。

　無知は人を露頭に迷わせ、間違った選択や残酷な行為を生みます。内面に灯る知恵のガイドに従って闇を切り開けば、孤独ではあるかもしれませんが、崇高な道を選ぶことができることを、このカードは教えてくれます。誰の中にもある、真理を求める根源的な探究心を見いだしたとき、愚者はもう愚かではなくなるのでしょう。忘れていた出所の光の再認識です。

　このカードを引いたときは、孤立することを恐れず、自分の内面のガイドに従うように導かれているときです。正しく知り、正しく判断すること。真理を求める探究心があれば、どんな暗闇でも、歩むべき道を見いだすことができるとカードは示しています。

　一般常識に縛られたり、長いものに巻かれるような世俗的な考えでは、このカードの本領は発揮されないでしょう。本質に近づくためには、いったんもろもろから距離を置いて、一人の時間を持ち、孤独と向き合うべきという場合も、このカードが出るかもしれません。

X

運命の輪
[WHEEL of FORTUNE]

キーワード
チャンス、絶好の機会、上り調子、転機、大きなうねり
に巻き込まれる、ビッグウェーブに乗る、周囲を巻き込む、
後戻りできない、新たな展開、幸運が巡ってくる

逆位置：チャンスに乗り遅れる（あるいは乗り切れない）、
空回り、周囲と歩調が合わない、第一線を退く、元のも
くあみ、計画の延期、出遅れる、下降、いったん機会を
見送る、次の機会を待つ

愚者の旅立ちから始まった大アルカナ22枚の前半の最後を飾るのがこのカード。ひとつのサイクルが終わり、新たなサイクルが始まるための歯車の連結部にあたる位置に車輪のカードが表れるのは、自然なことのように思えます。

古いタロットカードの絵柄における運命の輪は、木製の拷問器具のような車輪の周りに獣が配置されていますが、ウェイト・スミス版における運命の輪は、洗練された円盤が空に出現する突き抜け感のある図柄にエジプトの獣神たちが描かれています。

円盤には錬金術記号やアルファベットが配列され、それぞれにメッセージ性があります。たとえば内円の12時の位置には水星のマーク、3時の位置に硫黄、9時の位置には塩です。硫黄と塩の記号とともに描かれる水星マークは、錬金術でいうところの三原質のひとつである水銀です。水銀と塩と硫黄を正しい配合で正しく練成すれば人体練成、つまりホムンクルスが生まれるとされます。

円盤を取り巻く空間には、占星術の不動の宮に対応する4匹の獣が四大元素の代表として描かれています。左上の天使が水瓶座、右上のタカが蠍座、左下の牛が牡牛座、右下のライオンが獅子座と結びつけることができます。

三原質と四大元素が華々しく描かれるこのカードは、錬金術的勢いの集大成のような意味付けを担っているのでしょう。

このカードを引いたときは、物事が急激に展開し始めて、もう後戻りはできないところまで到達したことが告げられていると考えてよいでしょう。大波が来ていて、もうそれに乗るしかないという感じでしょうか。通常は良い意味でのチャンスが到来したことを告げてくれるカードなので、乗るか反るかでいえば、乗るのですが、何か抗えない大きな力に巻き込まれて、大事になるときにも出るカードです。本人がそれを歓迎しているかどうかに対する配慮が、このカードにはあるように思えません。

XI

正義
[JUSTICE]

キーワード

正義、裁き、バランス、正確さ、厳格さ、両立、秩序、決断、正しい判断ができる、理性的な態度、私利私欲に溺れない、周囲への配慮

逆位置：偏見、偏った考え、えこひいき、利己的、上から目線、判断力のなさ、体裁を保てない、化けの皮が剥がれる、優柔不断、償い

　大アルカナのセカンドセット（後半）の始まりが、ウェイト・スミス版では「正義」になります。デッキによっては、この位置は「力」です（P18「カードのオーダー」参照のこと）。

　右手に裁きの剣、左手に天秤を持った正義の女神は、女神アストレイアがモデルになったとも考えられますが、古来、正義の女神は、右手には裁きの剣ではなく稲穂を持っていました。まだ世界が平和と豊穣に満ちていた頃です。しかし、サトルヌスが納めていた時代からゼウスの時代へとなり四季が生まれ、人々は農耕と備蓄で暮らさなければならなくなりました。さらに時を経て盗みや嘘など悪が横行する時代になっても、女神アストレイアは最後まで地上にとどまり、かつては機能していた正義を説いたそうです。

　裁きが公平であることを意味し、剣は理知的に裁くことを意味するのが自然ですが、生命の樹における正義のカードは、ゲブラー（火星の位置）からティファレト（太陽の位置）へのパスに該当。中心を意味する太陽に切り込む力強いパスと正義のイメージが重なると、火星の攻撃的エネルギーは稲穂ではなく剣で描かれてしかるべきかと思われます。正義の剣は、正しいタイミングで正しい角度から、正しい速度で中心に切り込まなければ、致命傷を負ってしまいかねないため、厳正さと厳密さが求められるのです。

　このカードを引いたときは、極めて正確なバランス感覚が働いているときです。おおむねあなたの見解が正しいこと、正義が機能していることが示されています。

　ただし、問題解決の糸口は、あなたに出来事を見極める客観的な視点があるかどうかにかかっています。自分を外から見つめ、悪いところを正したうえで、公平な行動をとることができれば、要求の正当性は認められます。しかし、利己的な要求は満たされることはないでしょう。また、あなたの中に一縷の後ろめたさややましさがあるときにこのカードを引いた場合、できるだけ正直に懺悔すべきときを知らせてくれているのかもしれません。

XII

吊るされた男
[THE HANGED MAN]

キーワード
瞑想、試練、犠牲、身動きが取れない状態、我慢のとき、
内面に目を向ける、雑音が消える、静けさ、集中力、
発想の転換、芸術的着想、天才の始まり

逆位置：退屈、集中できない、主体性のなさ、雑音
が多い、一部だけ自由、平凡な考えに流される、他
力本願、受け身な姿勢のくせに文句ばかり

自由が奪われ身動きが取れない様子が描かれた 12 番目のカード。囚われ人は不思議と苦しそうな顔をしておらず、後光が頭を照らしています。外側の物理的自由が奪われることによって、内側の内宇宙が豊かに広がってゆくさまをこのカードは教えてくれます。

　吊るされた男が示す内宇宙の開花は、たとえば子どものころ、小さな椅子に座らされ、主体性や自由を奪われた状態で受けさせられた学校の授業中にも起こったことに似ています。授業中、教科書やノートに描いた落書きの創造的だったこと。机の穴に消しゴムのカスを埋め込むために駆使された職人技の数々。たった 10 分間の休憩時間、制限された環境の中で発揮された創意工夫の輝きは、完全に自由が与えられた状態では生まれ得なかったはずです。

　通勤電車で聴く音楽の広がりもそうです。ぎゅうぎゅう詰めでまんじりともできない空間の中、イヤホンから流れる音楽に身を委ねたときの、ロックスターになる妄想の広がりは、自宅で自由にオーディオから音楽を流しているときには再現できません。

　物理学者で、量子宇宙論を確立させたホーキング博士は肢体の不自由と引き換えに、極めて天才的な内宇宙を開花させました。

　このカードが示すところの不自由とは、肉体的なことだけではなく、環境による束縛や性別や年齢による縛りなど、あなたの自由を奪うすべての足かせのことです。そういった制限の中に置かれないと見えてこない、あなたの中の可能性と創造性を暗示するカードです。

　このカードを引いたときは、今は我慢だが、そういうときにしか見つけることのできない宝石を、自分の内宇宙に見つけよと促されているのです。逆境や圧倒的な環境的要因によって、何一つ自由にできないときなどにこのカードが出たら、救いは外にあるのではなく自分の中にあることに気付くことになるでしょう。今は、天才が発芽するために必要な拘束を経験させられているのかもしれません。

XIII

死神
[DEATH]

キーワード
停止、終わりと始まり、変容、整地、別れ、死、身軽になって見通しがつく、夜明け前の一番暗いとき、わずかな希望が見える

逆位置：踏ん切りがつかない、スランプ、諦めきれない、動きがない、悪あがき、現状維持を選ぶ、一命を取り留める、ひとまず安心する、変化の先送り

死神のカードは、そのタイトルどおり「死」そのものを意味する
場合もありますが、たいていの場合は、物事の終焉や状態が完全に
変わるときを告げるカードとされます。

　我々は日常的にさまざまな死を経験しています。毎晩訪れる眠り
もその一つですが、細胞は 27 日で古い角質が落ちて新しいものが
再生していますし、毎日新しい想念が生まれては消え、新しい出会
いがあれば別れがあります。

　キリスト教では 13 は不吉な数とされることからも、このカードが
出ると恐れる人も多いでしょう。しかし、このカードが大アルカナの
一番最後に出てくるカードではないことからも、死が絶対的な終わり
ではないことは明らかです。何かが終われば、何かが始まることをこ
のカードは示します。そのことを、水平線から上る曙（あるいは沈む
日没）から読み取る人も多いでしょう。日は沈み、また昇るのです。

　パメラ・コールマン・スミスの絵柄には、意図してかせずして
か、明らかにパースがおかしいものと、物理を無視した構造のもの
がありますが、このカードもそのひとつです。左から進行してくる
死神の手にある旗が、進行方向に向かってはためき広がっている様
子は、真空管でもないかぎりあり得ません。こういったものを目に
したとき、人は、旗の方向がおかしいことに気が付かなかったとし
ても、何らかの違和感を絵柄から受け、潜在的にそこが異空間であ
ることを感じ取ります。このようなトリックが、死神に特別な存在
感を与える要因になっていると考えるのは憶測が過ぎるでしょうか。

　このカードを引いたときは、何かに一区切りついたことがわかり
ます。人生が大きく変化するときにもよく登場するカードです。ま
た、夜明け前の空が最も暗いように、つらく厳しい状況に置かれて
いるときも、このカードを引くかもしれません。しかし夜明けはす
ぐそこです。もう元に戻ることはない失ったものに思いを馳せると
つらいのですが、新しいエネルギーを受け取るには、何かを諦めた
り捨てなければならないときもあるのです。

XIV

節制
[TEMPERANCE]

キーワード

均整がとれている、完全体、自己管理能力、自己完結、節度ある態度、辛抱強さ、生み育てる能力、加減を知っている、健康、形にできる、錬金術

逆位置：怠惰、イビツさ、自堕落、人に頼ろうとする、人のせいにする、節度がない、不摂生、不健康、いい加減な取り組み、不完全な状態、未完成

　2つの要素を結合させて、新しいものを生み出す様子を表した14番目のカード。杯から杯へと流し込まれる水は、受精の比喩でしょうか。ウェイト・スミス版では杯をもつ天使は頭に太陽のマーク、片足は水につかっています。マルセイユ版などの古いカードでは、節制の天使の着物は、赤と青のツートンカラーに塗られています。

　生命の樹では、中央の柱には3枚のカードが当てはめられており、上は女教皇、中央に節制、下が世界です（P20参照）。節制の位置は、太陽の位置であるティファレトから月の位置であるイエソドへのパスですから、ウェイト・スミス版の絵柄は、頭に太陽、足元に月（水）という、パスをそのまま描いたような構図になります。太陽は精神性の象徴であり、月は魂の器ですから、この段階で、魂が器に宿る受精の錬金術が行われると考えて間違いないでしょう。

　節制における錬金術の成功は、その下に構える世界（出生）へと直結しています。3の女帝が妊娠と出産がもつ豊穣と生産性の象徴だとすると、節制では受胎や着床の瞬間をとらえているため、そこには神聖で静かな空間が生まれるのです。

　このカードを引いたときは、自分の内部に何か新しい小さな想念が生まれることの暗示と考えてよいでしょう。無限の可能性をもった芽が宿ったのです。それを育てることができるかどうかは、あなたがどれだけ自分を律して真面目に取り組めるかにかかっているでしょう。根気よく関わり続ける力を指すカードです。

　妊娠初期の大切な時期に、普段どおりの不摂生な生活や、欲に身をゆだねて遊びまわったり、本命以外からチヤホヤされようと派手に飛びまわることは賢明でしょうか？「足るを知る」という重要なメッセージも、このカードは教えてくれます。自分の中にすべて揃っている。完璧である。何かが不足しているからうまくいかないのではなく、満足しない強欲こそが失敗の原因なのです。このカードが出たら増やすことよりも、余計なものを持たないことを選択しましょう。

XV

悪魔
[THE DEVIL]

キーワード
圧倒的な力、とことん関わる、壊れるまで向き合う、
悪い習慣、強引さ、没頭、三昧、魅惑的、依存、支配欲、
盲信、考えることを放棄

逆位置：暴力的、中途半端な関わり方、自由にな
りたければなれる、萎える、没頭しきれない、束
縛、ひとつのことに囚われすぎる、思い込み、受け身、
自分からは何も働きかけない

　山羊の頭にコウモリの羽、鶏の足と獣の脚に人間の身体という、無秩序と理不尽を絵に描いたような悪魔のカード。ウェイト・スミス版は悪魔の頭に逆五芒星が描かれています。五芒星は愛と美の金星の象徴ですから、この悪魔は堕天使ルシファー（宵の明星）ともいわれています。

　悪魔の足元には、鎖でつながれた男女がいますが、鎖はゆるいため男女は逃げようと思えば逃げられるのです。2人は恐怖に支配されているために無気力なのでしょうか？　それとも、何か非常に魅力的なものがあって、それに魅入られているがためにそこから離れられないのでしょうか。いずれにせよ、男女は常軌を逸脱したコンディションにあるから、そこにとどまっているのです。より強大な力に、自分をゆだねているがために、自分には選択権がないと思い込んでいます。

　このカードを引いたときは、善悪の判断や秩序に限らず、何かにとことん関わろうとしているときです。没頭して我を失う覚悟ができている状態ともいえます。ある種の習慣やある種の関係が、あなたを取り返しのつかない変容へと導くかもしれませんが、その価値があると感じるのでしょう。引くに引けない状態にあるときにも、よく登場するカードです。

　抜け出したいのに抜け出せないような、何かの虜になっているときにも悪魔のカードは現れます。

　このカードの逆位置の読み方は、混乱に満ちています。というのも、悪魔のもつ拘束力が弱まって自由が多少許されると読むのか、このカードが元々もつ依存的暴力性がよりたちの悪いかたちで出ると読むのか、状況に応じて読み分ける必要が出てくるからです。

　依存と興ざめは行きつ戻りつする性質上、両極端になるのは仕方のないことかもしれません。依存症がこじれるときは、そこに罪悪感が伴い、ダメだとわかっていながら続けてしまうことを考えると、一見矛盾した逆位置の意味にも納得がゆくから不思議です。悪魔のカードは正位置に出ても逆位置に出ても、吸引力を失うことはない、現状そこから離れがたいときに出る、強力なカードなのでしょう。

XVI

塔

[THE TOWER]

キーワード
崩壊、破局、突然の出来事、びっくりするような事柄、
軌道修正、大切にしていたものを手放す機会、常識
が覆される、目覚め、開眼、青天の霹靂

逆位置：予想の範疇、思い描いていた範囲での損失、
懲りない、なんとなくやり過ごす、凝り固まった状
態に甘んじる、頑固すぎる、無知、出来事から学ぶ
ことができない

　ショッキングな絵柄のカードのひとつ。塔はさまざまなものを象徴しますが、何であれ高々と積み上げられたものが、叩き壊されているのですから、受け手側は、天罰がくだったかのようなショックを受けるのが自然なリアクションでしょう。

　この絵から旧約聖書のバベルの塔を連想する人も多いかと思いますが、この塔は神の家、すなわち教会だとする説もあります。また落雷も、ウェイト・スミス版ではゼウスの稲妻のように描かれていますが、マルセイユ版などの古いものでは、太陽から放出されるフレアのように描かれています。いずれの象徴であっても、古くて凝り固まったものへ、聖なるエネルギーが介入する様子であることは間違いありません。

　どんなに注意深く人生を紡いでいるつもりでも、多くの人は眠りの中で習慣と緩慢に飲み込まれながら日々を紡いでしまうものです。そのような積み上げは、最初のうちはたいした問題にならなくとも、時を重ねるうちに、どんどん人生の本道からその人を遠ざけてしまうでしょう。そういったときに、軌道修正を促してくれるのが天の稲妻だと考えてみると理解しやすいかもしれません。

　このカードを引いたときは、常識や思い込みの殻を破って、聖なるエネルギーを一気に取り込むときです。何一つ捨てたくない人にとっては、崩壊や恐ろしい出来事の暗示のように思えるかもしれませんが、行き詰まっている人やスランプにある人にとっては、開眼の機会となり、エネルギーをチャージされたような爽快感を感じる場合もあるでしょう。良いことであれ悪いことであれ、前例がなく、思ってもいなかったことが起ころうとしているのです。

XVII

星
[THE STAR]

キーワード

願いが叶う、希望が叶う、見通しがたつ、無防備に
願う、楽観、星の影響（運命）を丸腰で受け入れる、
最善の出来事、塞翁が馬、助けられる

逆位置：希望は叶うがまだ時間がかかる、一時的な
失望、拒絶、凝り固まった状態、取り越し苦労、目
先の出来事に惑わされる、損得勘定が強すぎて幸運
を見逃す

　星の光が裸の女性に降り注ぐ神秘的な 17 番目のカード。女性は受容体の象徴で、それが夜の森に丸腰でいるのですから、アンテナとしての感度はこれ以上ないでしょう。ひとつ前の 16 番目のカードで、凝り固まった鎧が破壊されたら、内側の柔らかい本体が外界にさらされ、そこに星のエネルギーが流れ込む、と考えればとても自然なストーリーです。裸の女性は星のエネルギーを大地に流し込む媒体です。

　描かれている星は 7 つ。古来から占星術で扱われる月、水星、金星、太陽、火星、木星、土星の七天体でしょうか。実際には太陽は恒星で月は地球の衛星ですが、7 つの星といえばこの七天体を指すのが通常です。中央の大きな星はカードの看板と考えてもよいのですが、マルセイユ版では、神的エネルギーの比喩である黄色と血肉の比喩である赤で構成された車輪が描かれているため、中央の大きな星は人生や輪廻の象徴と考えてもよいでしょう。

　生活全般がままならず、自分の期待どおりに何一つ運ばないときと、望んだことが次々と現実になる状態があるのはなぜでしょう。乱暴な言い方をすると、運命に対して閉じた状態のときと開いた状態のときがあるのです。

　運命に対して閉じている状態とは、自分が作り上げた常識や固定概念に縛られ、「段階を踏まなければ何も成就できない」とか、「そんなうまい話があるわけない」など否定的なイメージが物事の速やかな成就を妨げている状態であるか、あるいは逆に、何の積み重ねも努力も働きかけもしないままにタナボタ結果だけを求めたり、相手を探そうとも愛そうとも与えようともせずに白馬の王子様の到来を待つことも、望みが何一つ叶わない状態をつくります。

　星のカードが示す、丸腰で運命を受け取る準備ができた状態というのが、「願いを叶える」ために最も効率のよい下地だと考えると、このカードの意味がおのずと見えてくるはずです。星に描かれた運命が現実に効率よく反映されている状態を示すパワフルなカードです。

　このカードを引いたときは、思い描いたものが次々と現実に形になることが告げられています。願いは叶うでしょう。

XVIII

月
[THE MOON]

キーワード
夜、直観、動物的勘、不吉な予感、不安定で移ろい
やすい状態、根源的な恐怖と向き合う機会、獣的、
生理現象、抑圧の解放、毒出し

逆位置：理性で抑える、不安の解消、ひとまず安
心、ヒステリー、体調不良、予想の範疇、直観を否定、
見て見ぬふり、月のものがこない、慣習に飲み込ま
れる、行動様式の奴隷

　２つの塔と犬とザリガニが描かれた月のカード。日の光のもとで
は身をひそめていたザリガニが、闇が支配する夜になると、おもむ
ろにその姿を現します。犬は盛んに吠えて警戒を促しますが、夜
になるとその勢力を増す水面下の不安を抑え込むことはできないで
しょう。太陽が照る昼間は理性と精神が支配する世界ですが、月が
支配する夜には感情と無意識が解放されます。二極を等しく内包す
るのが人間ですから、どちらかを否定したままで在ることはできな
いのです。自分の中の不安や恐怖と向き合うことを避けていればい
るほど、月の支配は強くなってゆくし、昼間の光が強ければ強いほ
どに、その影は濃く輪郭を落とすでしょう。

　「死神」のカードでは、日が昇る（あるいは沈む）位置に、月でク
ローズアップされることになる対の塔が描かれていることを思い出
してください。昼と夜の境目には犬がいて、愚者のカードでは光の
世界と崖の下（この世界）の境界線にも犬がいました。光と影、生
と死、覚醒と眠りのスイッチが切り替わるポイントがここであるこ
とが示されているのです。

　このカードを引いたときは、毒出しが起こっていると考えてみま
しょう。自分の中の不安要素や恐れていたことが、目の前に現れる
ような、恐ろしい気持ちになるかもしれませんが、ずっと蓋をして
おいてもそれが消えるわけではありません。向き合う機会はひとつ
のチャンスなのです。

　予感や直観が的中するようなときにも、表れるカードです。夜の
意識に心を開いて受け入れることができれば、さまざまな問題が瞬
時に解決することを、いずれ知ることになるでしょう。

　夜や闇に蓋をして目を向けていない人にとっては、本人の知ると
ころではない不安要素が問題の背後に隠れているときにも、よく出
るカードです。いずれにせよ、このカードは、この世は理性や思考
だけで解決できることばかりではないと、思い出させてくれる役割
を担います。

XIX

太陽
[THE SUN]

キーワード

喜び、結婚、子ども、クリエイティブな発想、創造の光、
生命力、健康、和解、宿命の相手との出会いや合意、
エネルギーに満ちている、周囲に良い影響を与える

逆位置：活力の低下、免疫力の低下、わがまま、高慢、
孤独、独占、エネルギー不足、幼稚さ、未熟さ、不信感、
恐れ

「世界」に至るまでに通過する惑星カードの最後が、太陽のカードです。「星」「月」を経て「太陽」に至る旅は、古来人間が誕生するまでに、神界から惑星界を経て子宮を通過するという考え方と一致します。また、死出の旅でも同じように、惑星界を次々に経て地球を離れていくという考えがあります。

太陽は命の中心にして生命の源です。我々に熱源を与え続けるソースですから、この世で必要とされる活力や原動力がこのカードに描かれているのです。

デッキにより、子どもが双子として描かれているものや、裸の子どもが裸馬に乗る姿が描かれているものなどさまざまですが、共通しているのはレンガの壁という、ひとつの法則性に守られている点でしょう。我々は生きとし生けるものの法則から逃れることも外れることもできず、生まれては死ぬ。進化や自然淘汰、生存本能、愛、命の摂理はさまざまですが、例外なく調和していて必然であり、だから太陽のもとで思いっきり自分の遊びを遊んでよいのだということを思い出させてくれるのが、このカードです。親の見守りのもと、柔らかいベビーサークルの中で、赤子を遊ばせている光景と同じです。

このカードを引いたときは、あなたが絶対的な神の摂理に守られて、それゆえに自由に命を楽しんでよいのだということが告げられています。人生の中で最も創造的なエネルギーは、子どものように純真に命を信頼しているときに発揮されるのです。ですから、このカードの暗示を最大限に活かすためには、自分に与えられた無限の可能性を信じて、何をやってもいいのだと知ることが必要なのです。恐れや不安、不信感や警戒心をもとにした行動がいかに非生産的かを考えてみましょう。

XX

審判
[JUDGEMENT]

キーワード
復活、再開、再会、開放、評価される、合格通知、
仕切り直し、再出発、回復する、持ち直す、判決が
くだる、結果が出る、宗教的な目覚め、覚醒

逆位置： 裁きを受ける、報い、嘘がばれる、損失、
ツケが回ってくる、ごまかしきれない、病気の再発、
スリップ（悪癖に戻る）、同じ過ちの繰り返し、悪循
環

　ラッパを吹き鳴らす大天使と、目覚めのときを迎えた人々が描かれる復活のカード。天使は光とラッパの音で地上の人々にコンタクトします。始まりには音（言葉）ありきといいますが、死者も生者も等しく天使を仰ぎながら、その光と音を受け取っているのでしょうか。このカードは創造と誕生と復活のときを告げる、重要な位置を担うカードです。

　キリスト教が浸透した文化においては、「復活」という概念が浸透していることが大前提ですが、日本文化で育った我々には、このカードのもつ意味を理解することは難しいかもしれません。なので、私はこのカードを考えるとき、ロールプレイングゲームのアバターをつくって、それの力配分のパラメーターを振り分けていることを想像します。

　次に控えた「世界」のカードは、大アルカナ 22 枚の長くて不思議な旅の最後を飾る、世界に生誕する様子を描いています。このカードはその一つ手前でくだる審判、すなわち判定であり、この世界に生まれてくるときに配牌される、スペックのようなものを受け取る様子と考えることもできます。家系、容姿、知恵、健康状態、富などのカルマのことです。

　そのときの魂の進化やニーズに合わせたスペックを受け取るときは、判決がくだった瞬間さながらに、敬虔で恐ろしい気持ちになるかもしれませんが、同時にワクワクする瞬間でもあるはずです。

　このカードを引いたときは、天使の介入により、目覚めのときが来たことが知らされます。もう迷子ではありません。やみくもに、あるいは不確かなまま曖昧に積み上げていた事柄に、何らかの称号が与えられようとしています。良い種も悪い種も芽生えのときを迎え、もう逃げることも隠れることもできません。それまで、もうろうとして目覚めることのなかった人生の側面に、光と音が降り注ぎ、命と機会が与えられたのです。

XXI

世界
[THE WORLD]

キーワード
完成、実現、成功、物質化、合格、目的の達成、物事の成就、旅、欲しいものがすべて手に入る、祝福

逆位置：難産、成就しきれない、目標は一部叶う、部分的成功、目標達成に時間がかかる、計画が流れる、仕切り直し、機が熟していない、タイミングが合わない

　大アルカナの最後を飾る世界のカード。このカードには、タロットカードでたびたび登場する象徴の多くが登場します。裸の人間、人間を取り巻くアーモンド形の輪と、それを束ねる赤い布は∞（レミニスカート）です。四隅に描かれた獣や天使たちは、それぞれに鷹が蠍座の水、獅子が獅子座の火、牡牛が牡牛座の土、天使が水瓶座の風と、四大元素に対応します。

　大アルカナと生命の樹の対応では、中心の柱の一番下、イェソドとマルクトをつなぐパスが「世界」の所在とされているため、地上へ生誕する様子が描かれたカードと考えることができるでしょう。アーモンド形の輪は、卵や子宮口の象徴ともいわれます。魂が受胎して十月十日の妊娠期間を経るプロセスを大アルカナの旅と考えれば、大アルカナの最終カードである世界は生誕のカードです。

　このカードを引いたときは、物事が形になることが示されています。それも長期的に取り組んできたことや紆余曲折を経た事柄が、形になるというときに登場するカードです。このカードは、旅の始まりと終わりを同時に担います。がんばったことが形になって、形になったところから新たな旅が始まるのです。

　生誕すること、旅の始まりと終わりを担うカードなので、逆位置に出た場合は、それが難産になったり、時間がかかるなど、もう少し紆余曲折を経るものの、いずれは生まれると考えてよいでしょう。

COLUMN

タロットカードが 78 枚ある訳を考えてみる

　小アルカナは、1 〜 10 までの数札と人物カード 4 種類 × 4 スートから成り立ちます。人物カードを抜いた 10 枚は、1 〜 5 までのファーストセットと、6 〜 10 までのセカンドセットで意味を考えました。10 は 5（奇数）の倍数なので、倍々していくと、奇数（5）、偶数（10）が交互に登場します。

　大アルカナは、0 〜 21 までの数字をもつ 22 枚のカードから成り立ち、こちらも 1 〜 11 までのファーストセットと、12 〜 22 までのセカンドセットで意味を考えることができます。

　22 は 11（奇数）の倍数なので、倍々していくと、やはり奇数（11）、偶数（22）が交互に登場します。

　それぞれのセットのラストを飾る絵は、11 番目が「運命の輪」、22 番目が「世界」。いずれのカードも四隅に四大元素を示す獣が描かれており、それぞれに重要な節目を担います。11 番目は奇数（能動性）としての結末で、22 番目は偶数（受動性）としての結末ですから、小アルカナの解説で説明したように、11 はワンドとソードが活き活きする結末で、22 はペンタクルスとカップが満たされる結末です。

　さて、この世は、陽と陰、つまり男性と女性、＋と−の二極があることで始まります。タロットカードの内訳は大アルカナも小アルカナも奇数の倍数なので、ファーストセットの結末とセカンドセットの結末が奇数（男性、陽、＋）と、偶数（女性、陰、−）の二極になります。そこに 16 枚のコートカードを加えた 78 枚もまた、39 という奇数の倍数です。

　このように、世界の成り立ちの物語を扱うカードゲームの内訳が、奇数の倍数を根幹として構成されている、すなわち小アルカナにも大アルカナにも父と母が内包されているという事実に、私はミラクルを感じるのです。

第 3 章

カードの解説
小アルカナ
Minor Arcana

小アルカナは、大アルカナのように
抽象的な啓示を示す役割ではなく、
より具体的かつ地上的な事象を表す
56 枚のカードです。

小アルカナ

　小アルカナは4つのスート（ワンド・ペンタクルス・ソード・カップ）から成り、それぞれに10までの数字が与えられているカードと、人物札のコートカードがあります。

　小アルカナは数が多いので、「覚えられない」「扱いきれない」とリーディングに組み込むことを諦める人が多いのですが、実は小アルカナを交えたほうがずっとタロットリーディングが簡単になります。大アルカナが大まかな観念的なテーマを扱うのに対し、小アルカナはより具体的で地上的な事柄を扱うため、メリハリのあるリーディングの基本は小アルカナをきちんと読むことにあります。

　このように、1から10までといっても、本質的には1から5までの

スートの分類		
	実質的なスート	空想的なスート
能動的なスート	ワンド：熱意と闘争心	ソード：知恵と策略
受動的なスート	ペンタクルス：実力と豊かさ	カップ：心と情愛

数が示す共通した意味			
1	種・動機	6	再出発
2	出会い	7	挑戦
3	広がり	8	集中
4	休止	9	高み
5	放出	10	飽和・限界

原始的な意味を進化させながら、2セット繰り返しているだけなのです。実際に理解しなければならないのは、たった5つの意味だけでよいのです。

　基本的には、能動的なスート（ワンド、ソード）は、放出の意味をもつ数字〈奇数〉のとき活発にその本領を発揮しますが、受動的なスート（ペンタクルス、カップ）は、失ったり傷ついたりします。

　逆に、補てんの意味をもつ数字〈偶数〉のとき、受動的なスート（ペンタクルス、カップ）は、その本質をのびのびと発揮し、能動的な意味をもつスート（ワンド、ソード）は、破綻したり元気を失うことに。
　5番目、10番目といった最終段階の数字においては、倍数ごとに奇数偶数が反転するので、ワンドとソードが喜ぶ結末と、ペンタクルスとカップが喜ぶ結末が入れ替わることに注目すると理解しやすいでしょう。
　たとえば、ファーストセットの最後を飾るのは「5・奇数」ですから、受動的なスートであるペンタクルスは、富や豊かさを出し切って、貧困のイメージが描かれています。カップもまた、心や情愛を放出した結果、心を奪われて傷心しているイメージが描かれています。
　セカンドセットの最後を飾るのは「10・偶数」ですから、能動的なスートが今度はバッドエンドになります。ワンドが表す、向上心や闘争心を突き詰めて10番目に至ると、身体に無理をきたして負荷がかかりすぎる結果になります。ソードが表す知恵と戦略も突き詰めて10番目に至ると、血の通った肉体や心を切り刻む結果になるという解釈がウェイト・

スミス版では顕著に描かれています。

　このような反転結末は、たとえ仮に小アルカナが 15 枚、20 枚とセットを繰り返していったとしても、奇数と偶数が入れ替わりながら続くので、意味はハッピーエンドとバッドエンドが交互に出てくると考えてよいでしょう。

　また、実質的スート（ワンド、ペンタクルス）は、仕切り直しの 6 枚目で前進しますが、空想的スート（ソード、カップ）は、退いたり、退行します。8 枚目でも、実質的スートは前進、空想的スートは苦しそうといった共通点をみせてくれます。

　デッキによって絵柄はさまざまで、表現方法により意味を取り違えやすい絵もありますが、大原則としてスートと数字の組み合わせを念頭に置いておけば、リーディングの応用が効きます。どんなデッキを手にしても、深い解釈ができるように、スートの意味と数字の構造を深く理解しておくと便利です。

生命の樹と小アルカナの関係

　生命の樹を構成する部品は、大きく分けると、セフィロトと呼ばれる球体 10 個（隠されたセフィロト「ダアト」を入れると 11 個）と、球体を結ぶパス 22 通りの 2 つです。

　大アルカナはセフィロトを結ぶ 22 通りのパスに関連づけられ、小アルカナはセフィロトです。大アルカナの意味を考えるときは、生命の樹を構成する縦の三本柱と横を分解した 3 つの三角と 4 つの階層の位置付けなどが意味を左右しましたが、小アルカナはもう少し単純です。

　セフィロトには、それぞれのカラーがあり、さらに占星術の惑星も関連付けられています。ですから、小アルカナの意味を考える場合、惑星の意味が反映されることが多いため、惑星のもつ意味を知ることは小アルカナ解釈の助けになるでしょう。

各セフィロトに関連づけられた惑星の意味

3 ☆ビナー：土星
　　厳しさと威厳、保守、境界線、試練、努力

4 ☆ケセド：木星
　　加護、幸運、受け取る、広がる、自然の恩恵

5 ☆ゲブラー：火星
　　戦い、競争、積極性、切り込む、暴力、欲望

6 ☆ティファレト：太陽
　　栄光、脚光を浴びる、価値、中心、目的意識

7 ☆ネツァク：金星
　　愛、美、調和、喜び、バランス感覚

8 ☆ホド：水星
　　知恵、ノウハウ、技能、移動、スピード、思考

9 ☆イェソド：月
　　夜、母、身体、情緒、共感、保護、習慣

　また、ウェイト・スミス版デッキでは、顕著に小アルカナのスートと惑星の組み合わせがよければ良い意味、スートと惑星の組み合わせが異質であれば悪い意味の解釈がなされていることが多いように思えます。

スートと惑星の組み合わせの善し悪しは、占星術での四大元素と惑星の温度と湿度が合っているかに左右されます。基本的に下表で同じグループのくくりにあるスートと惑星はうまく機能すると考えられます。

　また、惑星にはベネフィック（吉）とマレフィック（凶）の考え方もあるため、単純に惑星の吉凶がカードの意味に反映されているものもあります。

四大元素とスートと惑星の分類		
	熱い	冷たい
乾いた	火の元素 ワンド 火星・太陽	土の元素 ペンタクルス 土星・（水星）
湿った	風の元素 ソード 木星	水の元素 カップ 月・（金星）

① カードオーダー（順列）がもつ基本的な意味（P68 表）
② セフィロトに関連づけられた惑星の意味（P71 リスト）
③ 惑星とスートとの親和性（上表）

これらを踏まえたうえで小アルカナを理解すると、納得のゆくもの
が多いので面白いのですが、これにとらわれすぎてシンボルのもつ原始
的意味を受け取りそこなうことは本末転倒ですので、あくまでも参考に。
好奇心と探究心を満たすために、たまに振り返って参考にされるとよい
でしょう。

　また、デッキによって生命の樹や占星術の惑星、スートとはほとんど
関連性のないものもたくさん存在しますので、その場合②と③は、あま
り参考にならないことを頭にとめておいてください。

　タロットは、絵柄からメッセージを受け取る媒体であることをお忘れ
なきように。

棒：WANDS：火

戦い、冒険、熱意、向上心、精神性
質問者のヤル気や勝敗の行方を教えてくれます。

ワンドの物語

　戦いや挑戦を描くワンドの物語は、紆余曲折といった込み入った経過を辿ることなく、一直線に 10 に至ります。前半の１〜５までは、戦い始めから侵略と成功を繰り返し、停止を示す４番目で王国を手に入れ、５番目で今後も戦いの中に身を置き一歩も引く気がない切磋琢磨の姿勢を見せつけて終わります。

　ワンドのスートは、他のスートのように、相手の立場を想像して反省したり傷つくプロセスがないので、敗戦国や敗者への配慮はありません。６枚目は能動的なスートであるワンドとソードにとっては、仕切り直しの位置ですから、我が身を振り返ったり反省点をあぶりだすチャンスですが、描かれているのは凱旋して栄光を謳歌する誇らしげな再スタートです。

　ところが、ワンド（火）の性質上、攻めることにおいては猛然とした勢いをもつのですが、領土が拡大して武勇を極めた後に、防衛戦になると前半の勢いは消え去り、描かれる人物の顔はしだいに曇ってゆきます。優位な立場での戦闘を描いているはずの７枚目の人物に見受けられる憂いは、このまま終焉へと向かうのでしょうか。

　際限のない向上心や野心、挑戦し続ける熱意は肉体（ペンタクルス）や心（カップ）に負荷をかけ続け、自身を限界へと追い込む結末への道を辿ります。

　私は、ウェイト・スミス版のワンドは、ホメーロスの叙事詩『オデュッセイア』の主人公オデュッセウスの冒険が描かれていると感じることがよくあります。どの絵もオデュッセウスの旅に出てくる一場面に当てはめることができるからです。

1

武者震い

2

征服する
ターゲット選び

3

勝利のスパイラル

4

理想化された故郷
（港）のイメージ

5

最前線の
バトルフィールド

6

凱旋

7

防衛戦

8

炎の雨あられ

9

駐屯所で体制を
整えなおす

10

抱え込みの重圧

ワンドの1
ACE of WANDS

ワンドの始まりは、活力を支える灯の元種です。人はなぜ戦い挑むのかを想像してみると、このカードの意味がみえてきます。

最初から負けるとわかっている戦(いくさ)には挑まないし、できないと思うことにチャレンジする気にはなれないでしょう。やらない理由を探して苦しい現状にとどまったり、やらない言い訳に知恵とエネルギーのすべてを使い果たす人も多いはずです。

行動を支える動機は、「勝つ気がする」こと、「できる」というイメージしかありません。たとえそれが些細な行動であっても、行動できるときはそれなりの勝算があるから挑むのです。我々は自分で考えている以上に負け戦に挑むことを拒絶するものです。失敗のイメージは恐ろしく人のヤル気と行動力を奪いくじきます。

このカードは、人を行動や戦いに駆り立てる最も原始的な動機の部分を示しますから、勝てるイメージ、できるイメージそのものを扱います。それはまだ小さな灯ですが、自分のターンまで待てずに武者震いするような万能感がワンドのエースの本質です。

キーワード
ひらめき、武者震い、万能感、純粋な衝動、ワクワク感、ヤル気、活力、突き抜けるような衝動

逆位置:根拠のない自信、カラゲンキ、失敗のイメージ、二の足を踏む、出鼻をくじかれる、やらない言い訳を探す

ワンドの2
TWO of WANDS

ワンドの2は、攻略すべき敵が視野に入る瞬間のイメージです。男は手中に世界を持ち、これから始まる侵略戦争のために大海原へ出ることを考えています。世界征服をもくろむショッカーの秘密会議さながらですね。

2枚目のカードは行動することは指しませんが、イメージのふくらみと可能性がもたらす期待感は大きいです。1枚目のワンドで勝利への確信を得ているため、この人物は勝てるイメージしか持っていないはずです。

このカードが出たときは、挑むべき対象がいくつかある中で、手始めに手掛けるターゲットが明確になってきたことを知らせてくれます。引いた人は勝てるという確信に支えられながら、ターゲットが明確になったことに武者震いしていることでしょう。前途洋々たる自分の旅路を夢想しています。

恋愛であれば、アタックすべき意中の相手が定まり、何かにチャレンジしているのであれば、手始めに着手する対象が具体化したときに引くカードです。

キーワード
野心、展望、大志を抱く、期待感が高まる、旅の計画、意欲的な計画、出発前夜、征服するターゲット選び

逆位置：迷い、期待と不安、展望を立てにくい、ターゲットが定まらない、無計画、欲張りすぎ、強すぎる支配欲、地図を持たない旅

ワンドの3
THREE of WANDS

　ワンドの3では、2枚目で世界征服を目論んだ人物が別の領土の国旗をまとって帰国した様子が描かれます。3という数は豊穣と発展の連鎖を意味するため、ひとつの勝利が呼び水となり、次の勝利への道が開かれるイメージです。

　2枚目のワンドと絵柄も意味も似ていますが、ワンド3に加えられた意味は、成功体験から得られる自信を携えて、次なる勝負に挑むことができるという有利さでしょう。2が単身で大海原に挑む様子であれば、3は大群を率いて挑むことができるのもその違いです。

　たとえば恋愛におけるワンドのカードはターゲットにした意中の相手への攻略を意味しますが、ワンドの3では、友達などの第三者を差し向けて自分に有利な行動をとることすらできるということです。

　このカードが出たときは、勝ちの連鎖が始まったことを意味します。また、自信を持ってターゲットに挑むだけの力量があることが示されてもいます。これまで自分の力量で獲得してきた実績を活かしながら、目前の問題に取り組んで結果が望めるという予感を知らせるカードですね。

キーワード
ひとまずの勝利、一時的な凱旋、自信と実績、勝算大、成功が次の成功の呼び水になる、可能性の広がり、勝利のスパイラル

逆位置：自信のなさ、力不足を意識、撤収、無理やり結果を出そうとする、ゴリ押しでなんとかしようとする、一時的な敗北、コンプレックス

ワンドの4
FOUR of WANDS

4枚目のカードはどのスートにおいても休息を
表しますが、戦い続けるワンドにとっての休息と
は何でしょうか？ 戦士にとっての休息は、帰りた
くても帰ることができない永遠の望郷のイメージ
であり、そこには愛する妻がいて息子がいて、自
分を待つ民がいるのです。

トロイア戦争で勝利を収めた後、故郷に帰ろうと
するも海の神の怒りに触れ何年も帰ることができな
かったオデュッセウスにとってのイテカ（故郷）の
イメージが、このカードには描かれているようにみ
えるときがあります。

戦いの最中、遠く離れた場所で思い描く故郷は、
現実のそれよりもずっと完璧で、それゆえに戦い
続けるための原動力であり魂の拠り所としての役
割を果たすものです。実家や田舎から一歩も外へ
出ずにとどまるものにとっての荒ら屋や荒れ地が、
旅先では王国にみえるでしょう。

小アルカナ　ワンド

このカードが出たときは、戦い続けるあなたにとっての束の間の休息を約束して
くれる場所（故郷）があることを教えてくれているのかもしれません。また、あな
たが戦った結果、守るべき王国が築かれ、そこはかけがえのない拠り所なのだと示
されています。

キーワード
故郷、王国、拠り所、骨休め、港に立ち寄る、守る
べきもののために戦う、充電、理想化された故郷（港）
のイメージ

逆位置：ホームシック、放浪者、根なし草、孤独、
高すぎる理想、幻想、拠り所のなさ、引きこもり

ワンドの5
FIVE of WANDS

　5番目のカードでは、いよいよ実戦の現場にフォーカスされます。

　ワンドの5はゲブラーのセフィロトに対応し、ゲブラーは火星に関連付けられます。占星術では火星は闘争心や攻撃性を示す惑星。熱く乾いた性質をもつこの惑星は、ワンド（火のスート）と相性がよく、ワンドのもつ好戦的な性質に拍車をかけます。スートとセフィロトの惑星が調和していますので、このカードは、絵からうける物々しいムードほど悪いカードではないでしょう。

　ウェイト・スミス版では、ワンドを手に5人が乱闘している混戦が描かれていますが、たとえばトートタロットでは、4本のワンドを中心の大きなワンドが遮るように描かれており、このカードがもつ「困難に立ち向かう」という良い性質が強調されています。

　このカードが出たときは、障害や困難をものともせずに立ち向かってゆく強さを要求されます。物事が混戦状況にあるときも、このカードは現れます。ここまで来たら競いに身を投じて頭一つ抜きん出るしかないのです。恐れや不安には蓋をして、自分の勝利を信じて切磋琢磨するときです。

キーワード
争いごと、競い合う、切磋琢磨、乱闘、らんちき騒ぎ、ぶつかり合い、受けて立つ、成長の伴う試練、真剣勝負、最前線のバトルフィールド

逆位置：軽い衝突、不完全燃焼、冷戦、困難に屈する、戦いを避けようとする、隠しきれない衝動、どっこいどっこい

ワンドの6
SIX of WANDS

ワンドの6には、戦場で勝利を収めたと思われ
る勇者が凱旋している絵柄が描かれます。小アルカ
ナ6枚目はティファレトというセフィロトに対応し、
ティファレトは太陽の位置です。

占星術では太陽は火星と同じく熱く乾いた性質
をもつため、火の本質をもつワンドのカードとは
相性がよいのです。太陽は金、高貴さ、王様、中央、
成功や繁栄などの象徴なので、競争原理の中で発
揮されるワンドのスートにとって、6は勝利のイ
メージそのものに結びつくでしょう。

このカードが出たときは、ひとつの勝利を収め
たときです。携わっていた事柄に対して確かな手
応えを得たときもそうです。そして、その勝利は
個人的な満足にとどまらず、公に認められ民に歓
迎される性質をもつため、いわゆる「勝ち組」感
を謳歌できるときなのでしょう。このときおごり高ぶらずにいることは難しいかも
しれません。

このカードのネガティブな側面は、そういった高ぶりが、新たな敵をつくり出す
ことや、自らにさらなる頑張りを強いるはめになることを見落としてしまうという
点でしょう。

小アルカナ　ワンド

キーワード

勝利、栄光、凱旋、結果を謳歌、主役、勝ち組、賞
賛を得る、故郷に錦を飾る

逆位置：見せびらかし、都合の良い解釈、勝つには
勝つが認められない、取り繕い、ハリボテ、潜在的
な敵を増やす、嫉妬される

ワンドの7
SEVEN of WANDS

　5枚目では全員対等な立場での乱闘だった人物たちが、7枚目で優劣が生まれます。描かれている男性は下から突き上げられるワンドに対して、高台で防衛戦を繰り広げています。上からの攻撃は確かに有利ではありますが、追われる立場特有の不安があります。

　さらに、7番目のセフィロトであるネツァクは、金星の在処であることもワンドのスートを弱める要因になります。金星は愛と調和の惑星で、本質的に湿っていて冷たい。熱く乾いた性質をもつ火のスートであるワンドにとって、防衛戦は弱気の象徴でもあるのかもしれません。

　とはいえ、数的に7は奇数で男性性と親和性があり、男性的なスートであるワンドは、相変わらずの勢いを失ってはいません。

　このカードが出たときは、戦況は有利であることは間違いないが、追われる立場特有の不安に打ち勝たねばならないことを告げられます。一瞬の隙が体制を崩しかねないので油断はできません。

キーワード
有利な立場での戦い、砦を守る、プライドを保つ、防御力、防衛戦、敵に責められるが跳ね除けることができる、気の進まない争い

逆位置：上から目線、余裕のなさ、免疫力の低下、隙がある、傲りによる怠慢、気を抜いてしまう

ワンドの8
EIGHT of WANDS

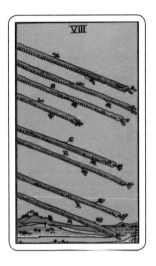

晴れ渡った空に勢いよく同じ方向へ放たれた8本のワンドが描かれたカード。8は集中を示す数字で、ターゲットが絞られたときの攻撃にはブレがなく破壊力が増します。8は生命の樹の左側の「峻厳の柱」の一番下に位置します。高い位置から勢いを得て地上へと集中砲火されるエネルギーを扱うのがこのカードと考えてよいでしょう。

トロイア戦争でのトロイの陥落が不可能といわれた理由のひとつはその鉄壁にあり、高い壁を超えるには、上からの炎の集中砲火をかいくぐらねばならず、それはどんなに屈強な戦士を集めても正規のルートからでは無理でした。そのため知恵を絞ったオデュッセウスは、巨大木馬での城内入りを計画したのです。ワンドの8は鉄壁の上部から放たれた炎の矢と考えると、このカードの強さが理解できるでしょう。

このカードが出たときは、ターゲットが定まったことが告げられており、ひとたび攻撃すべき対象、取り組むべき対象がフォーカスされさえすれば、あとはそこに向かって集中砲火すればいいのだと考えてよいでしょう。

たしかに強い攻撃ではありますが、ターゲットからひとたび外れると、そこに「盲点」が生まれることが、このカードのネガティブな側面です。

キーワード
集中砲火、的を絞って攻め込む、的を射る、無敵状態、猛アタック、ブレない、浮気しない、炎の雨あられ

逆位置：散漫、魔がさす、エネルギーの分散、他にも着手してしまう、無気力、視界の悪さ、盲点がある

ワンドの9
NINE of WANDS

　傷ついた兵士が、野営地で周囲を警戒しながら駐屯しています。この期間に英気を養えればよいのですが、描かれた人物の顔は警戒心にこわばっているようにみえます。そもそもワンドのカードは攻めてこその本質をもつため、いつも防衛は苦手なのです。有利な立場で戦えた7枚目ですら必死の形相だったことを思い出してください。

　9枚目のカードは月が支配するセフィロトであるイエソドに対応し、占星術では月は安全や保護を意味する受動的かつ女性的な惑星です。ここではなんとか静養して次の戦いに挑まなければならないのですが、はたして熱く乾いたワンドが冷たく湿った月の位置で羽を休めることができるでしょうか……。

　このカードが出たときは、ひとまず英気を養う必要があることを知るべきです。戦いのさなかでの休養は恐怖心や疑心暗鬼を増幅させますが、恐怖に打ち勝って再出発すればまた戦えます。

　緊迫した状態で、自己を保っているときにもお目見えするカードです。気持ちの余裕を取り戻すための方法を考えましょう。

キーワード
駐屯、準備を整える、英気を養って次の戦いに備える、守りの強さ、自分の砦、免疫力、手当て、修復、コックピット、駐屯所で体制を整えなおす

逆位置：殻に閉じこもる、過剰防衛、自分を守れない気がする、無防備、準備不足、中途半端な休養、疑心暗鬼、被害妄想

ワンド 10
TEN of WANDS

　世界征服を目論むところから始まったワンドの物語は、戦いと冒険の物語でした。競争の世界に生きる者の行き着く先が、10枚目のカードです。人物は10本のワンドをなんとか束ねて担いでいますが、荷が重すぎるようにみえます。

　戦場を勝ち抜いた勝者はもはや誰かを頼ることも信じることもできないため、身の回りの細部から関わるものすべてを自分のコントロール下に置こうとします。自分のコマンドなしに何ものも動いてはいけないと考えるでしょう。その結果この人物は、休息や安らぎを得る瞬間がまったくなくなり、息絶えるまで、多くを背負い続ける羽目に陥ります。

　このカードが出たときは、すべてを自分でやろうとしている状態や、荷が重すぎる状態を指します。誰の手も借りずにすべてを完璧にこなそうとすることによる緊張と疲労は相当なもののはずですが、このときあなたは誰かを頼ろうという気にはなれないはずです。「自分がもう一人いたら少しは休むことができるのに」という発想しかできない状態です。

キーワード

やりすぎ、オーバーワーク、力持ち、火事場の馬鹿力、キャパシティ越え、精神論、根性論で乗り切ろうとする、抱え込みの重圧

逆位置：手に負えなくなる、ヤル気の空回り、無責任、力不足、イメージと現実のズレ、荷が重すぎる、コントロールフリーク

小アルカナ　ワンド

貨幣：PENTACLES：土

実力、技能、資格、試験、仕事、金銭、物質、肉体
質問者が実社会で
どれだけ使い物になるかを教えてくれます。

ペンタクルスの物語

　豊かさや実りを描くペンタクルスの物語は、そこに至るまでに必要なプロセスを順を追って具体的に示しているので、最も解釈が明快であるといえるでしょう。

　最初の５枚は、少額の所有とその出入りの構造です。２番目で収入と支出のバランスを計り、３番目で流通システムに参加。４番目で独占を試みますが、貨幣は本来流通しないとジリ貧に至る構造を持っているので、死に金を抱え込んだところで、生きてゆくための血と肉に変える最低限の支出を抑えられる術はありません。その結果が５番目のデフレカードです。５番目のカードはペンタクルスのカードが網羅するもうひとつの側面である、肉体性における欠損も描かれています。松葉杖をついて包帯を巻いている人物は負傷兵であり、障がい者も意味します。ほっかむりの女性は娼婦でしょうか。いずれの立場も社会から排除された層が教会にも入れない様子が描かれているのは、ペンタクルスの物語には富めるものが描かれている以上、その逆の持たない者もどこかで描かれなければならないからです。ワンドとカップの物語との違いは、マイノリティにも目を向けてきちんと描いている点です。

　セカンドセットの始まりは、４番目で富の独占の限界を知った者が、富の「分配と流通」に目を向けたことからのスタートです。分配と流通の錬金術を手に入れたペンタクルスは必然的にインフレーションを起こし、一気に９番目と10番目の豊穣へと至ります。途中経過の７番目では問題点の改善と品種改良を、８番目では職人的技術と切磋琢磨もきちんと経ています。ペンタクルスの物語は、貨幣流通と肉体の扱い方を通じて経験できる物質的な事柄をきれいに網羅しています。

1　着手　　　2　やりくり　　　3　入門

4　保守　　　5　門外漢　　　6　配当　　　7　収穫

8　商品化　　　9　豊かさを受け取る　　　10　系譜

ペンタクルスの1
ACE of PENTACLES

　貨幣の始まりは、身体感覚の快不快や、個人に付随する所有物に対する原始的欲求です。自分に付随するものとしないものとの区別はどこで線引きされるのでしょう？　皮膚感覚が及ぶ領域や両手に抱えられる物、あるいは自宅や縄張り内にある物が自分のものだと認識することは自然ですが、近代的な生活の中では、所有の領域は広がる一方です。近年では、個人の資産は遠方の銀行口座で数値化され、自分が作成した文書がファイルとしてクラウドで管理されます。また、資格や技能、あるいは実績なども、本人の意志でどこでも駆使できる本人に付随するものですが、それらには目に見える実態はありません。ペンタクルスの1は、原始的な所有感覚を示すもので、それは魂や精神が肉体に宿った感覚であり、元素が結晶化（クリスタライズ）して形を成して輝く美を指します。

　このカードが出たときは、結晶化するための第一歩を踏み出したことが示されます。「ヤル気スイッチ」はどこにあるのでしょう？　そんなもの本当はありません。何かを形にするためには、「着手する」しかないのです。勉強のヤル気は、なだめても脅しても押されませんが、教科書とノートをただ無心で開いた瞬間にオンになります。何か具体的に着手したとき、そこからすべてが爆発的に始まるのです。「為せば成る、為さねば成らぬ」のカードがペンタクルスのエースです。

キーワード
着手、小さな行動、具体的対応、新しい収入源、手堅いスタートを切る、確実な一歩、為せば成る

逆位置：具体性に欠ける計画、行動が伴わない、資金不足、見切り発車、算段の甘さ、絵空事

ペンタクルスの2
TWO of PENTACLES

　2枚目のペンタクルスには、2つの貨幣を巧みに操る道化師が描かれています。人によっては、背後の波やそれに翻弄される船の絵から、不安定なものを読み取り、2つの玉をジャグリングすることの危なかしさに注目する場合もあるでしょう。正位置に出るかぎり、道化師は玉を落とすことはなさそうですが、絶妙なバランスが保たれていることは確かです。

　道化師があやつる玉は、手に負える範囲、扱える範囲での収支のやりくりが示されていると考えてみましょう。借金でもしないかぎり、収支は帳尻が合うことが当然なのだから、ここでは個人の領域をはみ出さない健全な営みが繰り返されます。

　このカードが出たら、現時点ではまだ動かせるエネルギーは少ないが、健全な出たり入ったりを繰り返す能力があることを知りましょう。足りない分をどこかから拝借すると、たちまちジャグリングのバランスは崩れてしまうので、自分のキャパシティを超えない範囲でのやり繰りを心がけると、うまくゆくようです。

　持っているのに使っていないものがあったり、有効活用していない資格や技術がある場合は、それを市場に出してみてもいいでしょう。出したものに見合った入りを望むことができ、軽妙なサイクルが始まるはずです。

小アルカナ　ペンタクルス

キーワード
やりくり上手、収支の帳尻があう、エネルギーの扱いが巧み、価値の比較、等身大、バランス感覚

逆位置： 危なっかしい運営、アンバランス、手に追えない、こぼれ落ちる、あくせくする、エネルギー漏れ

ペンタクルスの3
THREE of PENTACLES

3枚目のカードには、教会に2人の人物が訪れる絵が描かれています。ひとりの腕には洗礼を受ける赤子が抱かれているのでしょうか。このカードは、正式に認められる様子や、受け入れられる様子、オーソライズされるもの全般を扱います。

生命の樹ではビナーのセフィロトなので、土星の位置です。占星術的には土星は権限や威厳の象徴でもあり、古くて格式のあるものを扱います。冷たくて乾いた本質をもつ土星は、土の元素である貨幣と同じ本質をもつため、このカードはここで勢いを得ます。

2枚目のカードでの収支は個人的生産性にとどまりましたが、3枚目では正社員になる、あるいは株式上場など、より大きな生産性へと組み込まれます。

このカードが出たときは、それまで個人的に営んできた物事が、公式に認められる機会を得るかもしれません。資格の獲得や、どこか威厳のある流派に入門するときも、このカードは助けになるでしょう。

人から認められたい気持ちは誰にでもありますが、それが公認ともなると身が引き締まり謙虚な気持ちになることでしょう。

キーワード
入門、入社、資格や試験の合格、公式認定、株式上場、
実力が認められる

逆位置：我流、実績が認められにくい、条件が合わない、無神論者、もぐり、野良、フリーランス、自称

ペンタクルスの４
FOUR of PENTACLES

　４つの貨幣を握りしめて離さない人物が暗い
トーンで描かれたカードです。４枚目のカードは
すべてのスートにおいて動きが止まります。ペン
タクルスのスートにおける停止は、出し渋りや抱
え込みを表し、流通が滞ることの弊害はデフレへ
と直結してゆきます。いくら節約したところで、
肉体を維持するためには食事と睡眠が必要であり、
１円単位の節約に注ぐエネルギーを生産性のある
労働へと転化しないかぎり、抱え込んだ貯金は目
減りしてゆくでしょう。３枚目で流通のシステム
に正式に上場したばかりなのに、直後に抱え込み
の問題に直面するのは、ペンタクルスが関連付け
られる「土の元素」がもつ具体性と重さそのもの
であり、次に控える５枚目のカードがデフレーショ
ンの行きつく先を垣間見せてくれます。
　生命の樹では４番目のスフィアは熱く湿った木
星と関連付けられており、冷たく乾いたペンタクルス（土）の元素とは相性が悪い。
しかし、占星術における木星は発展と拡大の惑星であり、このカードが潜在的にも
つ広がりを無視することはできません。土のカードが豊かさと繁栄に至るまでに、
このプロセスを経ることは自然なことであり、必要な経験だといえるのかもしれま
せん。バネは飛躍する前に縮めなければならないものです。このカードが出るとき
は、現状を手堅く維持することができますが、抱え込みによるジリ貧に要注意です。
両手が塞がった状態で新しいものを得ることはできません。

小アルカナ　ペンタクルス

キーワード
手堅さ、占有、エネルギーの保持、守りの姿勢、定住、
安定を求める、保守

逆位置：ケチ、出し渋り、出し惜しみ、よくばり、
ジリ貧、停滞、執着

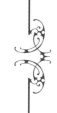

ペンタクルスの 5
FIVE of PENTACLES

　教会の窓には光が灯り、中の人たちはぬくぬく
と過ごしているにもかかわらず、このカードに描
かれる人物たちは、雪の降る夜に屋外を彷徨して
います。

　ペンタクルスの 3 枚目では、教会への入信が許
可され洗礼した様子が描かれていたのだから、そ
こに入れなかった落伍者たちをどこかで扱わねば
なりません。

　このアウトサイダーたちは、負傷した兵士か障
がい者か、女性は娼婦でしょうか？　異教徒でしょ
うか？　いずれにせよ 2 人は社会のマイノリティの
比喩です。

　ワンドのスートでは、敗者や敗戦国の様子は描
かれずに 10 枚を駆け抜けましたが、客観的属性
をもつペンタクルス（土）とソード（風）のカー
ドには、敗者の姿が度々登場します。

　このカードが出たときは、何かが主流ではない、メインストリームから外れたも
のであることが指し示されているはずです。特に経済活動において、あるいは肉体
的に主流たり得ないハンディキャップがあって、それゆえに正攻法ではない方法で
自助しなければならないときです。主流ではないときの強みは、失うものがないこ
と、自由であることなどです。

キーワード
排除される、失業、波紋、無資格、貧困、アウトサ
イダー、放浪者、村八分、ヤクザもの、異教徒、門
外漢

逆位置：疎外感を感じながらも仲間を演じる、何事
にも縛られない、小さな希望、可能性、福祉に頼る、
中途半端な立場

ペンタクルスの6
SIX of PENTACLES

　天秤を持った人物が2人の人物に貨幣を分配している絵柄から、ペンタクルスの再出発は始まります。正当な代価と富の分配によって何が起こるのでしょう。

　施しは、受けるものだけが得をするのではなく、与える側にも巡りめぐったエネルギーが帰ってくる。当たり前のことですが、市場に貨幣が流通しないと、消費活動は活性化しません。流通がなければ、富めるものへの還元はあり得ないのです。

　豊かさの占有によって停止した市場を蘇らせるチャリティーを手に入れたペンタクルスは、ここから一気に10枚目の繁栄へとインフレーションを起こしてゆきます。

　このカードが出たときは、エネルギーがきらんと分配されることが期待できます。労力に見合った代価が支払われたり、正当な評価を受けるときにもこのカードが出るでしょう。

キーワード
エネルギーを分ける、富の分配、正当な代価、チャリティ、福祉を利用する、配当

逆位置：正当な評価を得られない、一方的な施し、不平等な分配、福祉を受けられない（あるいは不正受給）

ペンタクルスの7
SEVEN of PENTACLES

実った作物を前に考え込む人物の姿が描かれています。作物の葉はすべて活き活きとした緑ではなく、一部枯れたように描かれているのは、完璧あるいは人物が期待したとおりの出来ではないという意味でしょう。

この絵柄からネガティブな印象を受ける読み手は多いのですが、7番目のセフィロトであるネツァクに対応する金星の本質は、ペンタクルス（土）のスートと相性がよく、生産性を望める位置にあるカードです。

実りと収穫の時期を迎えた百姓は、少なくとも働きかけた結果を受け取ることができることは確かで、問題点に目を向けているために顔が明るくないだけだと考えてみましょう。

問題点に目を向けるということは、次の収穫へ向けた改良点と改善点が明確になるという意味です。次のカードの職人は、改良点を知っているし、収穫の経験も積んでいるため、集中して作業に取り組むことができます。そのために必要なプロセスが、この不満足な収穫なのかもしれません。

このカードを引いたときは、結果のすべてに満足するわけではないが、働きかけただけの、注いだ分だけの結果を受け取ることができます。また、次回への改善点を見極める勤勉さと、根気強い取り組みの姿勢が示されていると考えてよいでしょう。

キーワード
勤勉、反省、結果に満足しない、イマイチな出来、部分的収穫、妥当な結果、諦めなさ、次の計画、改良点の発見

逆位置：完璧主義、不作、不満足、改善点がよくわからない、足るを知らない、諦め、向上心のなさ

ペンタクルスの8
EIGHT of PENTACLES

職人が一心不乱に作品に取り組む姿が描かれています。ペンタクルスは土のスートですから、8番目のセフィロトであるホドに対応する水星ととても相性がよく、スートのもつ良い点が発揮しやすいカード位置になります。占星術的には、土の本質と水星の本質は共に、冷たく乾いているからです。

7枚目で収穫を迎え、実った作物に満足することなく改善点を見極めながら次に取り組むことを思索した百姓は、このカードの職人の別の姿と考えると、流れとしてスムーズです。

浅い経験でやみくもに取り組む作品は、作り手の集中力を奪い、ひどく消耗させます。一方で、どこにどのように取り組めば、より良い作品を実らせるかを知っている経験を積んだ職人は、手を休めることなく次々に着手しながらフォルムを形成してゆくことができるものです。

このカードが出たら、経験という裏づけに基づいた確かな技術をもつことが示されます。自信を持って何かに取り組むことができる、一心不乱に作業できるときにもこのカードは姿をみせます。人物を示す位置に出れば、職人。結果やプロセスの位置ならば、作業が効率的に進むことの暗示と考えてよいでしょう。

キーワード
職人、確かな技術、経験に基づくノウハウ、集中して何かに取り組む、黙々と取り組む、邪念のなさ、商品化

逆位置：暗中模索、無駄骨、経験不足、計画性を持ちにくい、散漫、中途半端な技術、器用貧乏

ペンタクルスの9
NINE of PENTACLES

美しい女性が果実の実る庭園で、小鳥まで携えた姿で描かれています。

9番目のセフィロトはイエソドで、イエソドは月に関係します。占星術的に月は受動態の象徴であり、貨幣がもつ豊かさを受け取る対象としての資質がこのカードには描かれることになったのでしょう。

富や豊かさを受け取る力とは、簡単にいえば、貢がせる能力と考えることもできます。この女性は自分の手を汚すことなく、力を駆使することもなく、自動的に周囲が美しく豊かに整ってきたのでしょう。退屈そうにすら見える女性は小鳥と戯れながらペンタクルスのもつ恩恵のすべてを謳歌します。

このカードが出たときは、今は特に努力せずとも、恩恵を受け取ることができます。ジタバタせずに、周囲が貢いでくれる状況をつくりながら待つとよいとアドバイスします。おっとりかわいらしく構えていると、うまくいきますが、下手にあがいたり人を怒らせたり、挑発行為をしてもうまくいかないでしょう。かわいげのない態度では、場合によってはせっかくのチャンスや恩恵を自ら放棄してしまう結果になるかもしれません。

今は、いかに可愛がられるかに心を砕くべきとき。コツは、「こんなくだらないことに、わたくしがわざわざ手を汚すまでもないわ……」と退屈そうにするなどです。

キーワード

豊かさの謳歌、優雅、おっとり、富を受け取る、恩恵を受ける、貢がれる、手を汚すまでもない、あくせくしなくてよい、果報は寝て待て、豊かさを受け取る

逆位置：退屈、苦労知らず、箱入り娘、デカダンス、傲慢、かわいくない態度、愛されない態度、ジタバタしてしまう

ペンタクルスの 10
TEN of PENTACLES

　富と豊かさの象徴である貨幣の極みが 10 枚目の担う意味ですが、ここで描かれる富は、一代で築かれた成り上がり的性質のものではありません。老人、家紋、称号、建物、子孫の繁栄、犬は、すべて歴史と由緒正しさの象徴としてこのカードに散りばめられ、さらに貨幣の並びは生命の樹のセフィロトのそれをなぞりますから、「普遍性」が何重にも念押しされるわけです。

　過去から続き、未来永劫まで続かなければ、ロイヤリティー（貴族性という意味でも）は保てないというのが土のスートの本質です。成金ではなく皇室じゃないと認めない土の手堅さをこのカードでご堪能ください。

　人は富と繁栄、地位と名誉を極めた暁には、死後へもそれを持ち越したいという渇望に取りつかれます。オカルトへの原動力は豊かさから生まれ、信仰心は貧困から生まれるのです。貨幣のカードに教会や生命の樹が登場するのは、それらが貧富と密接に関係するからでしょう。神秘思想の象徴である生命の樹が、ペンタクルスの集大成であるこのカードに描かれることは自然なことのように思えます。

　手前の老人には斜陽的哀愁がありますが、世代交代に対する憂いは、土の元素がもつ肉体のモータリティ（死すべきものの、普遍的ではないの意）への悲哀です。土は肉体性の象徴でもありますから、血筋と家柄の正当性で肉体の死すべき運命を補おうとするのかもしれません。

小アルカナ　ペンタクルス

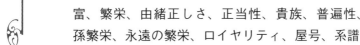

キーワード
富、繁栄、由緒正しさ、正当性、貴族、普遍性、子孫繁栄、永遠の繁栄、ロイヤリティ、屋号、系譜

逆位置：斜陽、老いや死への恐怖、成金、身分の卑しさを隠す、家族の秘密、一時的な成功、あぶく銭、一発屋

剣：SWORDS：風

策士、思索、思考、情報、伝令、コミュニケーション
質問者の知恵と戦略の動向が示されます。

ソードの物語

　知恵と戦略を描くソードの物語は、始まりから終わりまで鋭利で抜かりのない緊張感に支配され続け、安らぎや傲慢さとは無縁のままに最後を迎えます。それが「知恵」の本質だから仕方がないのでしょうか。幸せでいたければ何も知らなければよいのです。

　知ることの苦しみへの旅の暗示は2番目から明確に打ち出されます。ひとつの考えに対してもうひとつの考えが登場するという、「客観」が描かれているカードがソードの2だからです。考えを研ぎ澄まし、洗練させるためには、不必要な肩入れやノイズをカットする必要があります。ソードの2で人物が背を向けているのは、感情を示す水(カップ)です。目隠ししているのは見た目(ペンタクルス)に騙されないため、胸の前で腕をクロスさせているのは無駄な高ぶり(ワンド)を沈めるためです。

　このように、完全に中立的な状態をつくることで、客観的な議論を成立させる。この基盤がないとソードの物語を進めることはできないからです。

　こうして始まったファーストセットは、4番目で睡眠による思考の強制終了によって、一端、幕を閉じます。思考の停止は睡眠や死によってもたらされる忘却でしか手に入らないので、6番目は「想起(思い出す)」から再スタート。5番目では相手をやり込めすぎてドン引きされる結果を招いたので、7番目はもう少し巧みです。完全論破の結果が寒々としすぎていたので、すべて奪い尽くさずに2本の剣を残して残りの5本を持っていく巧妙さが出てきましたが、巧妙であればあるほど知恵の実は毒素を発揮。8番目では水は枯れ、理論武装は手足の自由を奪います。思考の高まりは安眠を奪い、セカンドセットの最後を飾る休止は睡眠ではなく死。これでやっと平安が訪れました。

1

宣言
アファメーション

2

中道

3

切り離し

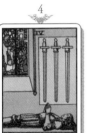

4

中断

5

戦略の勝利

6

パーソナル
スペースの確保

7

巧みな配分

8

八方塞がり

9

思考の暴走

10

強制終了

ソードの1
ACE of SWORDS

ソードは、曖昧模糊としたイメージや想念の世界を切り裂いて貫く、一筋の稲妻のような「思考」から始まります。思考は言葉であり、言葉は音です。音は空気を振動させ、始まりや終わりを告げるラッパのような役割を担い、ペンタクルスが示す行為より前に存在します。光（ワンド）→言葉（ソード）→ 行為（ペンタクルス）の順に創造が始まり、そこに心（カップ）が宿るのです。

思考と言葉がもつ力は、アファメーションの力であり、言霊の力です。宣言することによる影響力の種をこのカードが担います。うっかり考えてしまったこと、口をついて出たことが、さまざまな連鎖を生んだ経験は誰にでもあると思われます。

音のもつ特異性は、それがもつ周囲への影響力、つまり空気を振動させる性質ともいえます。発した本人の手を離れて空間へと移行。隣人や集団を動かすことができるのが言葉であり、ソードのカードは戦略的な策士であることも担います。

このカードが出たときは、イメージが方向性を持ち、方向性が策略を招く瞬間であることを知らせてくれます。今後の方向性を左右するような情報が入ったり、ある種のアイデアがあなたのアンテナに引っかかるかもしれません。その瞬間から、あなたは迷子ではなくなり、こうしてやろう、ああしてやろう、こう言ってやったらどうだろう？ と思考し始めます。

キーワード
言霊、冴え冴えしい思考、方向性をもつ、有効な情報を得る、策略の始まり、アイデアが浮かぶ、宣言・アファメーション

逆位置：曖昧さ、全体が見えない、流される、極端な言動、はっきり言えない、アイデア不足

ソードの2
TWO of SWORDS

目隠しした人物が、胸の前で剣をクロスしています。背後には海と月。水はカップ、視覚はペンタクルス、クロスして封印している心臓はワンドと考えてみましょう。この人物は、情（カップ）に流されず、見た目（ペンタクルス）に惑わされず、怒り（ワンド）にも左右されないことを誓った理性（ソード）の人なのです。

2枚目のカードは、第二の要素である受け手の登場を担います。ひとつの思考に対してもうひとつの思考が登場したことを示すこのカードは、意見を交わすときに何が大切かを教えてくれます。中立的であること、客観的であることを確保するための最低条件が、癒着（カップ）と金（ペンタクルス）と暴力（ワンド）の否定です。

このカードが出たときは、理性がもろもろの条件に打ち勝つことが示され、それは時に非情であったり、不義理であったり、冷酷であるととられるかもしれません。そうであったとしても、意志を貫き、冷静さを保つであろうことを知らせるカードです。

小アルカナ ソード

キーワード
完全なる中立、偏見のない意見を交わす、理性的判断、平静を保つ、鋭い指摘、中道

逆位置：迷い、偏見、心を閉ざす、誰も信じない、頑なな態度

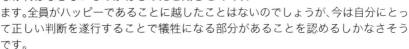

ソードの3
THREE of SWORDS

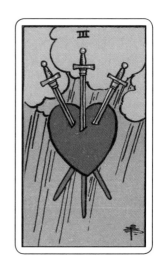

　ハートを貫く剣が3本と、雨模様の空が背後に描かれたカード。情けやしがらみを切り捨てるには、痛みが伴います。2枚目では決意にすぎなかったことを3枚目で実行したのでしょうか。

　真実を指摘するとき、正しいことを実行するとき、意志を貫こうとするとき、何があなたを止めるのかを考えてみると、このカードが描いている様子にリアリティが出てきます。

　「こんなことを言ってしまったら、あの人が傷つくのではないか?」「この作戦を遂行することで裏切られたと感じる人がいるだろう……」そういったもろもろに打ち勝つ意志の力を駆使できるのが、ソードの3です。

　このカードは、意志を貫くためには、切り捨てなければならないものがあるのだと知らせてくれます。全員がハッピーであることに越したことはないのでしょうが、今は自分にとって正しい判断を遂行することで犠牲になる部分があることを認めるしかなさそうです。

　ここで犠牲になる対象は、他者とは限りません。自分の意志を貫くことによって、自身の一部が切り捨てられ傷つく場合もあります。

キーワード
傷心、分離、犠牲、切り捨て、別れ、意志を貫く、判断する

逆位置:多少の情けをかけるが結局は見捨てる、中途半端な態度、いらぬ同情

ソードの4
FOUR of SWORDS

どのスートにおいても、休止を示す4枚目のカード。ソードは思考や意志を示すスートです。記憶は、時系列に続く思考の連続からなり、本来は断片的な瞬間瞬間にしか生きることができない我々を、歴史を持ったひとつの存在たらしめるためのつじつま合わせを紡ぎます。睡眠と死の違いは、目が覚めたときにコネクトできそうな物語がそこにあって「続き」を紡げるかどうかでしょうか。

ウェイト・スミス版のソードの4では、横たわる兵士の上に3本と、下に1本の剣が描かれています。下の剣は兵士が寝込みを襲われたときに備えてのものか、あるいは目覚めてすぐにまた戦いに出るための配置のようにみえます。いずれにせよ、この人物が目覚めたときにコネクトできる物語のコンセントは、兵士の下に描かれた剣です。

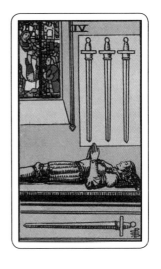

このカードは、束の間の休息を示しますが、すぐにでも戦場に復活できるために英気を養っているにすぎないことを知るべきです。充電が済めばすぐにでも作戦再開です。

このカードが出たときは、ひとまず考えることを止めて、ニュートラルな状態に戻り、作戦を練り直す必要があるのかもしれません。あるいは、単純に睡眠をとったり静養することで戦いから離れ、後にもう一度取り組めばよいでしょう。

キーワード
束の間の休息、充電期間、考えることをやめる、睡眠、休戦、何かを一時的に中断する

逆位置：忘れようとする、入院、感覚の鈍麻、無理やり眠る、脈略のない考え

ソードの5
FIVE of SWORDS

　放出を意味する5枚目では、ワンドとソードのスートが元気になります。思考や言動を司る剣における放出は、「論破」でもあり「策略の勝利」によってターゲットを打ち負かすことを意味します。

　ウェイト・スミス版におけるソードの5では、手前の人物から立ち去るように水辺へ向かう2人が描かれます。2人は剣を捨てていますから、議論を放棄したのでしょうか。水は心の象徴ですから、不毛な議論をやめて情愛の世界で身を休めようとしているかのようです。

　勝利を収めたにもかかわらず、風景が殺伐としているのは、ソードのカードがもつ宿命である、「理想と意志の勝利は非情である」という側面でしょうか。また、5番目のセフィロトが関連付けられる火星と風のスートの相性の悪さ（※注1）も、このカードがもつつらさといえます。

　このカードを引いたときは、戦いでは勝利を収めるが、それによって立ち去る者たちがいるという現実を教えてくれます。3枚目のソードも、同じようなテーマを扱います。意志を貫くには切り捨てられる要素があるというテーマです。ターゲットを追いつめて論破したことによって、受け止めなければならない孤立が描かれたカードです。

　このカードが出たら、あなたは論破して相手を完全にやり込めたいのか、それとも剣を鞘に収めて、仲良くしたいのかを考えてみる必要があるかもしれませんね。

＊注1：占星術における風のエレメントである天秤座において、火星はデトリマントとなり品位を落とす。

キーワード
論破、戦略の勝利、ターゲットを追いつめる、自分の論理を通す

逆位置：人が立ち去る、神経症的論理、中途半端に我を通す、誰も相手にしてくれない、殺伐としたムード、不毛な勝利

ソードの 6

SIX of SWORDS

　船に乗って陸を離れる親子の姿が描かれた 6 枚目のカード。約束の地カナンを追われた難民の姿でしょうか。

　5 枚目で才覚を出し切った剣は、論破することで勝利を収めたところで、人々が立ち去ることを知りました。そこで剣をいったん収める選択をしたのかもしれません。船の左右には波打つ湖面と静かな湖面が描かれており、これは心の一部が乱れていることの比喩です。

　6 番目のセフィロトは太陽と関連付けられており、風のスートであるソードにとっては、5 枚目に引き続き居心地の悪い場所になります。客観性を担う風のエレメントは、中央の座にある太陽にあるとき、弱気になるのです。(※注 2)

　そもそも、世相を操ることで策略を成功させようと狙うソードのスートにとって、孤立すること

はプラスになりません。どうすれば離れていった人気を取り戻すことができるのでしょうか。

　このカードが出たときは、いったん刀を鞘に収めて戦いの場から身を引くように促されているのかもしれません。たとえ自分が正しいと思っても、論破したり打ち負かすことで、今後あなたが有利になることはないことを教えてくれるカードです。ここは意見を引っ込めて、作戦を練り直すべきところなのでしょう。

＊注 2：占星術では 3 つの風のサインである、双子座、天秤座、水瓶座のうち天秤座と水瓶座で太陽はフォールとデトリマントという弱められるコンディションになる。

キーワード

一端身を引く、立ち去る、難民、仕切り直し、刀を鞘に収める、意見を引っ込める、心の乱れを沈める、パーソナルスペースの確保

逆位置：言いすぎたことを悔やむ、後悔、傷心旅行、平静を取り戻せない、言いすぎる

ソードの7
SEVEN of SWORDS

　野営地かサーカスキャンプのような場所から、剣を持った人物が脱走しているように見える絵柄のカード。ソードの5との違いは、この人物が2本の剣を残して必要な分だけを持ち去ろうとしている点です。

　完全論破することで孤立したソードの5から学んだことは、相手を追いつめすぎることなく、必要な収穫をこっそり手に入れる「バランス感覚」と考えることもできます。

　7番目のセフィロトと関連付けられている金星は、愛と美を司る惑星であると同時に、物事を調和させハーモナイズさせる力、つまりバランス感覚があります。風のスートであるソードは、金星と相性がよく（※注3）、このカードの意味も剣の巧みさやうまく立ち回る性質がのびのびと発揮されていると解釈してよいでしょう。

　このカードが出たときは、うまく立ち回るように促されていると考えてみましょう。皆まで言って相手を完全に言い負かすことよりも、ある程度の逃げ道を相手に与えることで、後腐れのない勝利を収めることも必要なのです。完全なる勝利により、決別と孤立と復讐の機会を敵に与えるのならば、引き分けは悪いことではないでしょう。

＊注3：占星術では、風の活動宮である天秤座のドミサイルが金星で高い品格を得る。

キーワード
うまい立ち回り、必要なものだけ持ち去る、巧妙さ、自分に有利な情報をこっそりゲット、巧みな配分

逆位置：裏切り行為、スパイ、小ずるい、手の内がばれる、うまく立ち回れない、罪悪感、容量の悪さ

ソードの8
EIGHT of SWORDS

ソードのカードでは、目隠しの人物が描かれるのは二度目です。目隠しは偏見を持たないことのメタファーでもあり、公正さの象徴でもあるとして、正義の女神像はしばしば天秤と目隠しの組み合わせで描かれます。

公正であることは、主観や私情をもつ個人としての行動を制御し、がんじがらめにする側面をもつことをこのカードは教えてくれます。足元の水は心のシンボルですから、どんなに公正で客観的であろうとしても、傷つかずにはいられないのが人間であり、感情が溢れ漏れることを示しているかのようです。

8番目のセフィロトと関連付けられる水星と風のスートの相性は良い（※注4）ので、必ずしも悪い意味ではありません。理論武装で包囲網を張り巡らせるという意味では、強さを発揮できるでしょう。

このカードが出たら、鉄壁の理論武装によって、自分自身が制約を受けて身動きが取りにくい状況にあることを考えてみましょう。矛盾を許せば、たちまち鉄壁は崩れますが、自分を縛っている縄も緩めることができるのです。正しいことを言う人は、その正しさに自分自身が一番正されるのです。

相手の立場を考えすぎて、何も言えなくなるときや、自分のスタンスがわからなくなるときも、このカードが出ることがあります。

＊注4：風のサインである双子座は、水星でドミサイルとなり品格を得る

キーワード
理論武装、制約の厳守、禁欲、自分の意見が自分を縛る、人の意見を優先しすぎて自分がわからなくなる、八方塞がり

逆位置：ツッコミどころのある姿勢、一つの考えに固執、心を閉ざす、感情を制御しきれない、冷静なつもりでの感情論や偏見

ソードの9
NINE of SWORDS

　ソードのカードは9枚目に至ると、もはや水（カップ）と火（ワンド）と土（ペンタクルス）の元素すべてと決別し、純然たる思考の世界へと入ってゆきます。夜中にひとり冴え冴えと目覚め、音のない音を耳鳴りのように聞いた経験はあるでしょうか？　この人物が直面しているのは連綿と続き、途絶えることのない、思考の連続によるつじつま合わせの物語です。これを断ち切るには、眠りや死による断線と忘却が必要なのですが、その瞬間は次のカードまでお預けです。

　このカードのポジティブな側面は、冴えわたった思考であり、極限まで高められた隙のなさです。つまり、この人物は昼間脚光を浴び聴衆の人気を一身に浴びるスターのようなもので、完璧に振る舞うためのノウハウを駆使できる人なのです。逆にいえば、人前で完璧に振る舞える人の夜はこのような情景なのかもしれません。大衆からの支持や人気孤独と、裏腹でいてセットなのです。

　ソードの9が出たら、完璧な振る舞いは限界にきていることに直面するかもしれません。孤独という代償を支払いながらの人気取りに別れを告げて楽になるのか、伝説の中で死ぬことを選ぶのかが迫られるときです。

キーワード
冴えわたる思考、完璧な振る舞い、孤独、不眠不休、隙のなさ、思考の暴走

逆位置：ちょっとした落ち度を気に病む、完璧ではない自分を許せない、後悔の念、我が身を振り返る、恥ずかしさに身悶えする

ソードの 10
TEN of SWORDS

　1枚目から連々と続いた途絶えることのないつじつま合わせの物語に終わりのときが来ました。休息のときがやっと訪れたのです。4枚目の一時休戦は眠り（中断）にすぎず、目覚めとともに、再びコネクトする記憶が待ち構えていました。しかし、10枚目のソードは、肉体を貫き、土の元素の権化を倒すことによって夜明けを迎えます。あらゆる次元にテレポートできる純然たる思考を手に入れたのです。

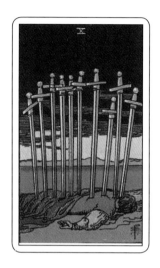

　このカードが示すのは、解放と自由です。思考は肉体に宿っている限り、時間と空間に縛られます。時間に縛られるということは、単なる思索の連続を歴史と経験という物理的次元に合わせるためのつじつま合わせを要します。その結果、思考は腐敗し、嘘をつき続ける羽目に陥り、記憶は改ざんされ上塗り更新され続けます。

　ソードの10が出たら、リミッターからの解放のときが来たと考えていいでしょう。少なくとも、絶え間なく策を練りながら正しさを追求する必要はもうないことが告げられました。今ここにいる状態だけが真実であり、真実に正しいも間違いもないのです。

　もしも、あなたが自分の算段にしがみ付いて遂行することに取りつかれていて、手放すことができないのなら、このカードは敗北と終了を示すときもあります。その思いは遂げられないでしょう。

キーワード
解放、終了、自由な想念、どこまでも広がる思索、時空に縛られない英知、リミッターが外れる

逆位置：シャットダウン、強制終了、敗北、捨てきれないものがあるために苦しむ

杯：CUPS：水

心、情緒、思い出、芸術
質問者の家族との関係や恋愛の動向が示されます。

カップの物語

　心と情愛を描くカップの物語は、ロマンチックに紆余曲折を経て心の拠り所を得、満足に至ります。

　小さな愛着の芽生えから、心の交換が起こり、ファーストセットの最後では、心を奪われすぎて傷心したところで幕を閉じることになりました。

　セカンドセットの始まりの6番目では、過去に愛した風景や人間関係が心の情景として描かれています。このカードをよく見ると、パースがイビツです。奥の人物が手前の人物よりも大きかったり、子どものように見える頭巾の人物が、老人か母親のように見える人物よりも大きかったり。私はこのカードを「思い出補正」と呼び、水のエレメントの本質である、自分と自分が愛した者、及び自分を愛してくれた者を中心においた主観的な世界感をよく示していると考えています。「想起」から始まるセカンドセットという意味では、ソードと同じ仕切り直し方ではありますが、ソードのカードに漂う敗北感はここにはありません。補正がかかっているからです。

　6番目の心の拠り所を起点としたセカンドセットは、ファーストセットよりも力強く、心を充実させていきます。7番目は「お見合いカード」です。誰を愛するか、何に愛着を寄せるか、水の元素は受け身であるがゆえに奇数の7では戸惑ってはいますが、8番目では月が見守る直観の導きによって、心を寄せる対象が決定します。誰を愛するかが決まれば、その対象に満足するしかないので、9番目では満ち足りてほくほくしている人物が描かれています。セカンドセットの最後は、典型的なハッピーエンドを迎えて、水の旅は幕を閉じます。

1	2	3
ときめき	以心伝心	宴もたけなわ

4	5	6	7
内観	傷心	拠り所	目移り

8	9	10
直観による導き	心が満たされる	一体感

カップの1
ACE of CUPS

カップの1は、小さな愛着から始まります。人をある場所へと誘う吸引力は何でしょう？ 心地よい眠りと寝具から人を切り離して別の場所へと導き出すには、そこに愛着の対象があるからではないでしょうか。

大好きなお母さんが作った美味しいご飯を食べたいから布団から這い出す。温かい家庭から、学校へと移動するのは、好きな友達に会いたい、または憧れの先生に褒められたいから。人は愛着から愛着へとトランスファーしながら、なんとか苦しい人生を回しているのかもしれないと考えることもできます。

カップの1が示す小さな「思い」の種は、10に至るまでに、愛情を注ぎ、満たされ、傷つき、迷いながら成長していきます。

このカードは、そこにあなたを駆り立てるだけの「思い」の始まりがあることを教えてくれます。好きになりかけているとき、小さな好意を感じたとき、お気に入りの場所を見つけたとき、また訪れたい、また会いたいと思う動機やとっかかりが生まれたときに、このカードが出ます。

キーワード
好意の芽生え、お気に入りの発見、小さな愛着、ちょっと好き、たぶん好き、好みだと思う、なんだかかわいい、また会いたい、ビビビっとくる、ときめき

逆位置：
自己愛、孤独、不純な動機、スケベ心、ひっかかりのなさ、薄い印象、軽い違和感、ちょっと嫌い

カップの2
TWO of CUPS

　ここで描かれた2人の人物は、各々の思いで満たした杯を交換しています。相思相愛、思いが通じた瞬間を祝福するかのように、伝令神ヘルメスの杖であるカドケウスも描かれています。

　ここでは、ソード（風）のように言葉を交わす必要や、ペンタクルス（土）のように物品を交換する必要も、ワンド（火）のように戦いを挑む必要もありません。ただ純粋に好意を心で受け止めあえばよいのです。

　心がつながったときに出るカードです。好きという思いが、好きという思いで返ってくるのは、我々が考えている以上に自然なことであり、心身が健康であれば、通常一方通行に好意や嫌悪がすれ違うことはないのです。

　もしも、自分の思いが通じることなく、相手から理不尽な拒絶があると感じるのならば、その「思い」が本当に純粋なものかを再検討してみることです。必ずそこには歪んだ自己愛や別の人への執着、こだわりの投影があり、それは愛ではないはずです。だから拒絶される。このカードが逆位置に出たときは、そういった思いのアンバランスや、不純な動機が指摘されている可能性があります。

小アルカナ　カップ

キーワード
相思相愛、心のつながり、思いが通じる、目と目が通じ合う、ツーカーの仲、以心伝心

逆位置：
素直ではない、うまくつながれない、アンバランスな思い、気持ちのすれ違い、片思い

カップの3
THREE of CUPS

　心が通じ合う対象が3人になれば、そこはたちまちパーティー会場となりましょう。姦しさを絵に描いたようなカップの3。描かれているのは、ゼウスとテミスの娘たち、季節を司る時の女神たちでしょうか。

　大アルカナにおける3番目のカードは愛と豊穣と実りを示す女帝でした。3という数字のもつ爆発的生産性における、水の元素（カップ）の表現がこのカードです。心の通じ合う関係が、相乗的に一体感の連鎖を起こし、時を忘れてクルクルと踊る。そこから生まれるトランスは、他の一切を寄せ付けないほどに調和し一塊になります。

　このカードが出たときは、心が満たされて強気になったり、時を忘れて楽しみに身をゆだねるような、そんな状態にあることが示されるでしょう。

　このカードが示すような連帯感は、知らず知らずに周囲に疎外感や不快感を与える可能性を併せもちます。それがこのカードのネガティブな側面ですから、逆位置に出たときには、ハロウィンに渋谷の街で盛り上がる群衆が周囲に与えるような印象に要注意です。

キーワード

宴、宴もたけなわ、姦しさ、愉快なひととき、気が合う、盛り上がる、マブダチ、楽しいひとときが過ごせる

逆位置：

パリピ、ハメを外す、排他性、配慮の欠落、がんばってテンションを上げる、無理やり盛り上がる、楽しいふりをする、盛り上がりに欠ける

カップの4
FOUR of CUPS

　カップの4では、大木の根元に座して伏目がちな男性の姿が描かれます。大木の地中には根が張り巡らされ、そこにアタッチするということは、足元のルーツに目を向けることが明示されます。

　水の元素であるカップにおける停止の4は、心の拠り所である自己の出生や故郷、あるいは先祖に思いを馳せ、どこまでも内向します。その結果、差し出された外部からの杯、つまり好意に対してはまったく反応しません。私はこのカードを「引きこもりカード」と呼んでいます。異質なものに対する無関心や、対人恐怖、自己愛、子宮回帰などもこのカードの延長線上にあります。

　このカードが出るときは、内向的で閉じた状態にあり、周囲の配慮や好意に対して無関心です。差し出されるあらゆるオファーに対して反応するだけの外向性が今は失われていることでしょう。

　今は、自分の内側を掘り下げて、退行しながら心の安定を図ろうとしているか、充電や休息の必要があるのかもしれません。

小アルカナ　カップ

キーワード
瞑想、充電、内向的、基本に帰る、自分を見つめ直す、閉鎖的、内側に目を向ける、内観

逆位置：
怠惰、外界への無関心、人の好意に気が付かない、ナルシズム、寝坊助

カップの5
FIVE of CUPS

倒れた杯を見てうなだれている人物が描かれており、絵柄から失意や絶望の印象を受け取る人も多いカード。「放出」の数字である5における、コインやカップのように内向するスートは、「失う」ほうに注目しやすいため、こういった表現になるのですが、本来は杯から水がこぼれることは、誰かに心を奪われたことを意味していて、悪いことではないはずです。

心奪われることを、損失と感じるか、与える対象を得て興奮するかは、スートのもつ、能動性と受動性によります。

それとは別に、5番目のセフィロトは火星と関連付けられ、占星術では水の元素である蠍座は火星を支配するサインです。蠍座的見地からこのカードを解釈すると、奪われた分は奪い返すという原動力の初動にあたるカードなため、これは恋愛ゲームの終わりであり始まりである場所へと足を踏み入れた暗示かもしれません。

このカードが出たときは、何かに心奪われたことによるショックのあまり、奪われた杯にばかり目を向けて不安になり、残された2杯があることに気が付きもしない状態が暗喩されています。

好きになりすぎてつらいとき、愛した対象から愛を返してもらえないのではないかと不安でいっぱいなとき、自分の気持ちにブレーキをかけたい、一部だけでも守って心の余裕を残しておきたいと感じるときに出るカードです。

キーワード

心奪われる、失意、喪失感、好きになりすぎることが怖い、好きすぎてつらい、傷心

逆位置：出し惜しみ、守りの堅さ、自分の心に目を向けない、心のガード、傷つくことを避ける、心の保険をかけようとする

カップの6
SIX of CUPS

　6枚目のカードは仕切り直しや再出発を示し、中心のセフィロトに対応するため、それぞれのスートの支柱を再確認できるテーマを扱います。

　カップの場合は、心の拠り所である、生い立ちや幼き日の思い出を取り戻すことになります。思い出の中では、杯の水を倒してこぼしてしまうこともなく、そこは柔らかな土に満たされ植物が根を張り小花を咲かせます。

　記憶は、本人の都合のよいように改ざんされ更新され続けますから、思い出の中では、現実のように傷つけられることはありません。

　パメラ・スミスは、デッサン力のある画家ですから、このカードで描かれている縮尺の違和感は、意図的と思われます。赤い頭巾の子どもは、母親のように見える女性よりも大きく描かれていることから、この子どもは思い出の中の主人公、つまり自分なのでしょう。母親から小花の咲く杯を受け取っている

のは、愛情を受けた自分の比喩です。思い出の中ではいつだって母は自分を愛してくれたのです（現実の母がどうあれ）。

　私はこのカードを「思い出補正カード」と呼びます。このカードが出たときは、自分の拠り所を確かめながら、過酷な現実を乗り越えるだけの愛情を十分もらったのだと自分を慰め説得させていることが暗喩されているのだと思います。大丈夫、自分には愛する力がある。それだけの愛を世界からもらった経験と愛の泉があるのだと確認するときです。

キーワード

心の拠り所、故郷、母の愛、幼馴染、生い立ち、よき思い出、懐かしい情景、自分を支えるもの、愛の泉

逆位置：曖昧な思い出、心もとなさ、満たされない心、甘え足りない、満たされない欲求、思い出したくない出来事、過去のトラウマ、腐れ縁、依存関係

カップの7
SEVEN of CUPS

　６枚目で十分に自分の中の愛の泉を再確認した人物は、７枚目で他者の杯を受け取ったり満たしたりと、交流する準備が整いました。目の前には、ドラゴン、石油王、蛇、財宝、天使……さまざまな選択肢が差し出されています。杯を交換するまでは、相手の実態を完全に見破ることはできないでしょう。この人物は、愛を賭けたギャンブルに出ることができるのでしょうか？

　この人物がリスクをとることができるとしたら、理由はただひとつ。自分の中には尽きることのない愛の泉があるのを知っていることです。たとえ、間違った相手の杯に水を注いだとしても、自分の水は干上がらないのだと知っていれば、何度でも人に尽くすことができる。そのためにも、ひとつ前のカップの６のプロセスを経る必要があったことが理解できるでしょう。

　私はこのカードを「お見合いカード」と呼んでいます。このカードを引いたときは、目の前の可能性を受け取る準備ができていることを知りましょう。選り好みしたり、比較したり、聞き取り調査をしている段階が今なのです。しかし、今どんなに表面的に相手を調べたところで、あなたが自分の愛を注ぐまでは、対象の実態を見抜くことは難しく、知りたいのなら愛に賭けるしかないでしょう。

キーワード
選り好み、選りどりみどり、お見合い、合コン、モテ期、愛を天秤にかける、リスクをとるかどうか迷っている、目移り

逆位置：リスクをとれない、躊躇、相手を信用できない、選ぶことを恐れる、両天秤にかける、人を試す、人間不信、傷つきたくない

カップの8
EIGHT of CUPS

8枚目のカップでは、一見立ち去る人物が描かれているため、離れることや分離に注目しがちですが、視点を変えれば、心を注ぐ対象が明確になり、そのほかの選択肢を捨てて、ひとつの対象へと移行していくようにも見えます。

カップの7で目の前に現れた多くの選択肢、そのどれも開けてみないとわからない対象でしたが、自分の中の愛の泉を信じてそのうちのひとつを選んだ人物が、このカードで描かれているはずです。

人生における重大な選択の多くは、夜、直観に導かれてなされるものです。夜の海辺は、象徴的にこの人物が自分の直観に従った決断をくだしたことを暗喩します。

集中を意味する8において、ワンドはターゲット（的）が明確になり集中砲火しましたが、カップも同じように、心を注ぐ対象が明確になり、愛の集中砲火が始まると考えてもよいでしょう。

小アルカナ　カップ

このカードが出たときは、何に心血を注ぐかが、明確になることを教えてくれます。打算でも計算でもなく、直観に導かれるように、その対象は見えてくるはずです。今は、人の意見に左右されたり、打算的な条件から選ぶのではなく、自分の内側から湧き上がってくる情動を信じて進むほうがよいでしょう。

キーワード
直観による導き、情動、関係を断ち切る、潮時、よりよい関係への移行、自分を取り戻す、大切なものを見つける

逆位置：流される、関係を整理できない、未練、離れられない、真実から目を背ける、ずるずると多くの関係を平行して続ける

カップの9
NINE of CUPS

　満足げにほほ笑む男性が描かれたカップの9
は、心が完全に満たされた状態を示しているので
しょうか。9番目のセフィロトは月と関連付けら
れ、占星術では、月は水のサインである蟹座の支
配星ですから、カップの9がこのように描かれる
ことは自然なことです。
　幸福とはそれが手の内にあるときは、自覚しに
くいもの。幸福を構成してくれている恋人や家族、
社会に対して、ともすればあぐらをかいてしまい
がちです。自分の背後に高々と杯を並べ、ガハっ
ている人物はこの水を腐らせずに維持することが
できるのでしょうか。

　このカードが出たときは、心が満たされた現状
に満足している状態が示されていることがほとん
どでしょう。それに気が付いているかいないかは
別として、あなたの杯は満たされているのですから、それに気が付かないままに、
一杯でもこぼれてしまったとしたら、失くしてしまった愛を思って後悔することに
なるでしょう。
　このカードは、今与えられている愛情やケアに対する感謝と喜びを謳歌する能力
をあなたに求めているのかもしれません。

キーワード
満足、心が満たされる、喜び、愛の謳歌、愛の勝者、
守るべきものをもつ、十分にケアされている状態

逆位置：欲張り、不満足、傲慢、幸せにあぐらをかく、
人の好意を当たり前のことのように扱う、感謝の気
持ちの欠落、足るを知らない

カップの 10
TEN of CUPS

　カップのゴールは愛する家族、守るべき仲間を得ることで完成します。水蒸気を含んだ空は、光のプリズムである虹の橋を渡して家族を祝福します。

　その先に待つ日常の積み重ねや努力はペンタクルス、家族に害をなす外敵を倒すのはワンド、家族に必要な情報を集め、悪い噂が立たないように立ち回る力はソード、カップの役割は家族に絶え間ない愛情を注ぎ続けることです。

　カップにとっては、自分の中の愛の泉を注がせてくれる対象を得ることが何より大切なことであり、ここでは家族がその代表として描かれています。

　このカードが出たときは、あなたの中の有り余る愛情をいくら注いでもよい対象を得ることができたことを知らせてくれます。愛を注いでも、裏切られたり、拒絶されたり、途中で捨てられる心配のない対象です。それはあなたの保護を必要としている小動物やペットかもしれませんし、恋人かもしれません。もちろん結婚や新しい家族の誕生を知らせるときも、このカードは出ます。対象は必ずしも人ではなく、ずっと長く愛せる趣味やライフワークを得た場合も、このカードはお目見えするでしょう。

小アルカナ　カップ

キーワード
幸福な家族、幸せの連鎖、満ち足りたユニット、愛する仲間がいる、繁栄、守るものを得る、一体感

逆位置：幸福の一歩手前、少し欠点のあるグループ、夢見がち、気持ちはあるが自分の手に負えない、責任を追いたくない、荷が重い

コートカード：人物札

質問に関係のある人や擬人化したときの
イメージを示すカードたちです。
コートカードが示す人物像は、
4種類［ペイジ・ナイト・クイーン・キング］。
これが4つのスートそれぞれにありますから、
全部で4 × 4 ＝ 16 枚になります。

★ペイジは、子どもや見習い的人物の比喩で、そのスートのもつ未熟
でフレッシュな人格を担います。

★ナイトは、若い衆で、現場で最も俊敏に動ける、使える人物像です。

★クイーンは、母性的側面を担い、そのスートがもつ包容力や育成す
る力です。

★キングは、父親的位置付けで、指導的立場やリーダー、ボス、親分、
その道ではひとかどの人物である、という立場を築き上げた実績と自
信と威厳をもつ人物です。キングはそのスートの集大成であり完成像
を担いますから、ナイトやペイジは、かつての未熟だった頃、あるい
は若かりし日のキングの姿と考えることもできます。

　カードを展開してコートカードが出たときは、その場所に該当する事柄
にコートカードが示す人物がからんでくる、あるいは影響を与えていると
解釈します。

　たとえば、「障害と援助」を示す位置に、カップのクイーンが出たとし
ます。カップのクイーンは、情緒的で、深い共感力をもつ人物を指します
ので、あなたのことを助けてくれる優しい人が身近にいることを示してい
る、と解釈できます。逆位置で出る場合は、逆に気持ちを掻き乱すような
不安定な人物が、質問の障害になっていると考えてもよいでしょう。

小アルカナをリーディングに組み込む場合に、16枚のコートカードの位置付けの難しさから、小アルカナを交えてのリーディングを断念する人も多いと聞きます。しかしそれはとても残念なことです。

　大アルカナは魂の進化や運命的な出来事を示しており、小アルカナの数字カード10枚×4スートは、地上的な悲喜こもごもを具体的に示しています。
　生きていれば、どんなに無愛想な人でも人との関わりは避けて通れませんから、悩みや質問にまつわる人物がいるのは当然なのです。コートカードが出たときは、相談事に何らかの形で関与している人物がいるということですから、コートカードも絶対にあったほうが読みやすいのです。
　コートカードが出たら「これはあの人かもしれない」と想像を巡らせながら、より具体的にリーディングできるので、ぜひ読めるようになってください。

　この本では、各コートカードのキーワード説明の下に、占星術のサインとの結びつきを説明していますので、星座のイメージについての知識がある人にとっては、コートカードの人物をよりリアルに想像する助けになると思います。
　また、各スートと関係がありそうな職業のリストも列挙しておきましたので、どのような仕事をしたどんな人物かを想像することに役立ててください。言うまでもありませんが、職業イメージはあくまでも一例です。スートのイメージに合わせて自由に想像を巡らせてみてください。

　巻末には、「コートカードで占う～相性まるわかり徹底解釈～」をご紹介しています。2枚のコートカードを引くだけで、現在関わっている相手との関係(相性)が簡単に占えます。この占法で、コートカード16種類に馴染んでいただければ幸いです。

コートカードからリアルな人物像を読み取るために

　私はコートカードの人物像をリアルに想像するために、各スートのキングがどのような戦い方によって、その高見までのぼり詰めたかを、成り上がり伝説で想像するときがあります。

　たとえば、**ワンドのキング**は、裸一貫で腕力と戦闘能力だけでのし上がる英雄です。乱暴者だった子どもが、あちこちで決闘を繰り返しながら、腕に覚えのある若い衆となり、地元では負け知らずの豪腕伝説で浮き名を流します。ガタイのよさを認められラグビー部か柔道部からスカウトされ、チアガールと結婚。最終的には隣町、あるいは県外までに名を馳せ、誰もが恐れ敬う王となります。

　一方で**ペンタクルスのキング**は、生まれも由緒も正しい、王になるべくして生まれてきたサラブレッドでしょう。ペイジの時代は、謙虚で勤勉かつ寡黙な子どもが、容姿端麗にして才色兼備な若者となり、同じく気品あるお嬢様と恋をして結ばれ、生まれ持った政治的手腕と技術力を駆使しながら鳴り物入りで王となるでしょう。

　ソードのキングは、由緒正しい生まれでもなければ、腕力があるわけでもない。何処の馬の骨とも知れない線の細い優男がどうやって栄光の道を成り上がることができるでしょうか。それは、知恵と人気です。天才的弁舌と風を読む力から生まれる民衆の支持を得る力が彼のすべてなのです。諸葛孔明のような策士のイメージですね。正しいタイミングで正しい流れに乗り、正しい言葉を発することで得られる支持率は、どんな腕力や二世タレントにも負けることはないはずです。

　カップのキングは、義理と人情でのし上がったゴッドファーザーです。彼には生まれの良さも腕力も知力も必要ありません。同じ杯（さかずき）を交わし、血の約束をした相手同士が手を組むこと、裏切りを許さないことで世界を牛耳るでしょう。ペイジ時代は愛くるしくもナイーブな子ども。ナイト時代にはホストやキャッチをやりながら夜の町を蝶のように舞ったかもしれません。水商売での縄張り争いを経て、地域を牛耳る組に入会。レディース上がりの美人ねぇさんと結婚。想像はどんどん膨らみます。

　このように、ワンド「ヘラクレス豪腕伝説」、ペンタクルス「プリンスチャーミング伝説」、ソード「伝説のラッパー諸葛孔明」、カップ「極道伝説」風に想像を巡らせると、たちまち 16 枚のカードがおのずと語り始めますので、馴染みのない中世の騎士や王の絵柄を見ながら無理矢理知恵を絞る必要はありません。

コートカードじゃんけん

コートカードを使った遊びをひとつご紹介しましょう。
順番を決めるときなどに便利です。

まず、役職の優劣を整理します。
キングが最も強く、クイーン、ナイト、ペイジの順に弱くなります。

同じ役職を引いた場合、スートの優劣をトランプのそれに準じて理解しましょう。
ソード（♠スペード）が最も強く、カップ（♥ハート）、ペンタクルス（◆ダイヤ）、ワンド（♣クラブ）の順に弱くなっていきます。

①参加者全員が、シャッフルして裏返したカードを1枚選んで手元に置く。
②一斉に返して結果をみせる。

> **例）4人でコートカードじゃんけんをした場合**
> 　　Aさんが、ソードのキング
> 　　Bさんが、ワンドのペイジ
> 　　Cさんが、ペンタクルスのキング
> 　　Dさんが、ワンドのクイーン
> 　　を引きました。
>
> 　　答えは、1位Aさん、2位Cさん、3位Dさん、4位Bさん

この場合、ペイジとクイーンよりもキングが強いので、最下位はBさんで、そのひとつ上はクイーンを引いたDさんです。残りの2人はどちらもキングを引いていますので、スートの順列に従って、どちらが勝つかを考えます。ペンタクルス（◆ダイヤ）よりも、ソード（♠スペード）のほうが強いので、Aさんが1位で、Cさんが2位です。

最大16人までの順番を決めることができます。

ワンドのペイジ
PAGE of WANDS

キーワード

やる気があって、陽気で前向きな性質をもつ人。目立ちたがりやで、人を驚かすことが好きないたずらっ子。粗野で荒削り、まだ技術はないが、熱心に物事に取り組む。褒められると伸びる。

逆位置：粗暴な振る舞い。協調性に欠け、周囲と足並みが合わない。悪目立ち。口先だけで努力が伴わない。ヤル気はあるが空回り。負けず嫌いでひがみっぽい。自分を大きくみせる小心者。

ワンドのナイト
KNIGHT of WANDS

キーワード

ひたむきな情熱を秘めた行動力ある人物。大胆不敵で、迷わずターゲットにアプローチする。腕に覚えがあって挑戦的。攻撃的で積極的。自己主張が強く、注目を浴びることを好む。

逆位置：支配欲が強く、怒りっぽい人。好戦的かつ挑発的。人を煽って怒らせておいて被害者ぶる。クレーマー。イライラしている。大騒ぎしてうるさい人。危険を好み、火遊びをするが臆病。生活力のなさ。

ワンドのコートカードが示す星座

牡羊座、獅子座、射手座。それぞれを役職に配分すると、キングが牡羊座、クイーンが獅子座、ナイトが射手座のイメージがぴったりくる。ペイジは3つの星座すべてのフレッシュさと未熟さを併せもつと考えるとよい。

ワンドのクイーン
QUEEN of WANDS

キーワード

自信に満ちた頼れる人物。明朗快活な正直者。褒められたり頼られると、ひとはだ脱ぐ度量があり、後腐れはないが、上から目線。派手な、あるいは若々しいファッション。

逆位置：自分が常に話題の中心であったり、注目を集めていないと気が済まないドラマクイーン。ケバケバしさ。派手好みでわがまま。人を振り回して楽しむ。

小アルカナ　ワンド

ワンドのキング
KING of WANDS

キーワード

圧倒的な存在感をもつ豪腕。威厳があり、人を惹き付ける魅力を持っている。ユーモアと少年のようなまなざしをもつ不良おやじ。大胆不敵にして公明正大な頼れる人物。

逆位置：威張っていて、なんでも自分の思いどおりにコントロールしようとする。人を脅しつけたり、威嚇することで支配欲を満たし、少しでも逆らうと機嫌を損ねる。気難しくて危険な人物。サディスト。

ワンドのコートカードと関係がありそうな職業

格闘家、プロレスラー、軍人、英雄、俳優、劇団員、芸人、サーカス団、奇術師、タレント、レーサー、スポーツマン、スポーツインストラクター、ボディビルダー、ギャンブラー、宗教家、僧侶、冒険家、飛行機乗り、教授、師（グル）、鍛冶屋、花火師、材木屋、植木屋

ペンタクルスのペイジ
PAGE of PENTACLES

キーワード

才能はあるが、まだ芽が出ていない人。ダイヤの原石。謙虚で寡黙。まじめな見習いやアシスタント。資格獲得のために勉強中。プロを目指す人。弟子入り。丁稚奉公。

逆位置：勉強不足。努力不足。実践不足。金銭感覚のおかしい人。分不相応な浪費。才能にあぐらをかいて、技術を磨こうとしない人。形から入って中身が伴わない。

ペンタクルスのナイト
PAGE of PENTACLES

キーワード

気品があり、才気溢れる人物。実行力があり、具体的に役に立つ動きができる。特定の分野に対する専門的知識や技術をもつ人。気前の良さ。上等なものを身につけている。容姿端麗で肉感的。お金がありそう。

逆位置：こけおどしの才能。自分の個性に固執する。他人の能力をけなすことで自分を相対的に上げようとする人。成金趣味。好色。分不相応な浪費。お金にルーズ。

ペンタクルスのコートカードが示す星座

山羊座、牡牛座、乙女座。それぞれを役職に配分すると、キングが山羊座、クイーンが牡牛座、ナイトが乙女座のイメージがぴったりくる。ペイジは3つの星座すべてのフレッシュさと未熟さを併せもつと考えるとよい。

ペンタクルスのクイーン
QUEEN of PENTACLES

キーワード

豊かで上質なものに囲まれて暮らす、気品溢れるマダム。優美さ。肉感的セクシーさ。美声。ひとたびゲストを迎えると、相手に気前よく豊かさを分け与えるが、ゲストと認められるための間口は狭い。良妻賢母。

逆位置：美食や性欲に溺れる。浪費家。贅沢に退屈していて欲張りな人。私利私欲をむさぼる。利己的で残酷。人の才能をうらやんで落ち込む人。見栄っ張り。

ペンタクルスのキング
KING of PENTACLES

キーワード

富める人。地位の高い人。才能に生きる人。政治的に物事を動かす力。何かに精通している。プロフェッショナリティー。特定の分野におけるひとかどの人物。

逆位置：冷徹で独占欲が強く、私利私欲をむさぼる。現世利益の追求におぼれ不道徳。成金趣味。好色。頑固で「動かざること山の如し」な人。自分だけしか信じない。人の助言に聞く耳を持たない。

ペンタクルスのコートカードと関係がありそうな職業

職人、大工、庭師、農業、畜産、造形、工芸、建築、土木、芸術家、画商、デザイナー、アパレル関係、料理人、ソムリエ、モデル、歌手、金融関係、銀行員、質屋、骨董屋、宝石商、石屋、石工職人、不動産屋

ソードのペイジ
PAGE of SWORDS

キーワード
知恵もので機転のきく子ども。おしゃべりで好奇心旺盛。要領の良い子。飲み込みの早さ。見たい、聞きたい、知りたい。音楽やゲームに親しみ、友達との交流を活発に楽しむ子。

逆位置：嘘つき、浅知恵、無知。調べることができない人。知ったかぶり。表面的で上滑りな知識にとどまり、そこから掘り下げたり自分で考えたりできない人。コミュニケーション能力の低さ。

ソードのナイト
KNIGHT of SWORDS

キーワード
頭脳明晰にして辛辣。行動力抜群。人や物とつながることが得意で、どこへでも出入り自由な人。道なき道をつくり、通行手形やパスを持った神出鬼没キャラ。弁舌さわやかな人気者。

逆位置：信用ならない人。二股三股、両天秤で、人心を操る策士。二枚舌。浮き足立った根なし草で、現実的な生活ができない。流浪人。

ソードのコートカードが示す星座
天秤座、水瓶座、双子座。それぞれを役職に配分すると、キングが天秤座、クイーンが水瓶座、ナイトが双子座のイメージがぴったりくる。ペイジは3つの星座すべてのフレッシュさと未熟さを併せもつと考えるとよい。

ソードのクイーン
QUEEN of SWORDS

キーワード

公平で信念を曲げない人。理知的なムード。聞き役。黙っていても多くの相談を受ける聞き上手。冷静な判断力。自分の意見を持ち独立心のある女性。社交界の花形。

逆位置：八方美人。言葉巧みに人を操るゴシッパー。悪口を吹き込む癖。深く傷ついていて、その痛みで人をも傷つけるような人。嫌われることを極度に恐れ、人目を気にするタイプ。

ソードのキング
KING of SWORDS

キーワード

理知的な策士。雄弁で頭脳明晰。時流を読む力。追い風がどちらにあって、何につけば誰が有利になるかを正確に見抜く策略家。天才的プレゼン能力。バランス感覚抜群。

逆位置：意地悪で理屈っぽい。批判しかしない人。うつろで中身のない人。孤独な人。策に溺れて、自分の中の動機や基準を見失う。考えすぎて身動きがとれない。

ソードのコートカードと関係がありそうな職業

マスコミ関係、情報や流通関係の仕事、広告、コピーライター、文筆業、音楽家、語り部、詩人、ラッパー、チケット売り、もぎり、転売屋、職業斡旋所、アナウンサー、知識人、ネット関係、ネットワークビジネス、SNS ビジネス、アドバイザー、コンサルティング、教師、知識人、ご意見番

カップのペイジ
PAGE of CUPS

キーワード

人なつっこく、かわいらしい子。頼りなく、守ってあげたいムードをもつ。愛くるしさ。甘えん坊。繊細で心優しい。恥ずかしがりや。

逆位置：自信のなさ。ひがみっぽさ。甘ったれ。すぐに泣く。めそめそ泣く。自分が一番可哀想ということに溺れていて、人の気持ちに考えが及ばない。

カップのナイト
KNIGHT of CUPS

キーワード

紳士的で思いやりがあり、人をもてなしたりエスコートすることが上手な人。モテる。恋愛経験が豊富そうなのに一途。狙った相手は必ず落とす、人たらし。

逆位置：根深いコンプレックスと被害者意識。一方でナルシスト。ホストっぽさ。恋に溺れて人生の本分を忘れたり、仕事をしなかったり。ヒモ。怠け癖。自分に甘い。

カップのコートカードが示す星座

蟹座、蠍座、魚座。それぞれを役職に配分すると、キングが蟹座、クイーンが蠍座、ナイトが魚座のイメージがぴったりくる。ペイジは３つの星座すべてのフレッシュさと未熟さを併せもつと考えるとよい。

カップのクイーン
QUEEN of CUPS

キーワード

深い共感力と慈悲深さをもつ人。いつも親身で優しい。母性的。人の立派なところではなく、ダメなところを愛でる。許す心。リラックスさせるのがうまい人。アットホームなムード。

逆位置：感情の起伏が激しい人。えこひいき。ヒステリック。依頼心が強く、嫉妬深い。いつも誰かの犠牲になることで安心を得るような人。自己憐憫に溺れる。被害者意識の強さ。

カップのキング
KING of CUPS

キーワード

義理人情の人。そばにいて見守ってくれる、父親のような暖かい存在感と頼れるムードをもつ。失敗することや、欠点をもつことを否定せず、そこから何かを学ぶように促してくれる。黙って包み込むような包容力。

逆位置：モラルのなさ。依存させて支配したり、弱みを握って脅すような行為。相手のためにならない甘やかし。人に罪悪感を植え付けてコントロールする人。心理操作のうまさ。嫉妬深さ。

カップのコートカードと関係がありそうな職業

心理学者、カウンセラー、水商売、人気稼業、アイドル、飲食関係、霊能者、占い師、保育士、子どもに携わる仕事、看護師、介護士、海女、サーファー、漁師、釣り人、船頭、船守、スパリゾート関係、銭湯、水族館、海洋生物の調教師、ペット産業

第4章

スプレッドの紹介

1枚だけを引いてその意味を考えるのではなく、
ある程度の枚数をテーブルの上に展開して、
それぞれの位置に意味を与えながら
解読する展開方法を「スプレッド」と呼びます。
基本的に自分の占いやすい展開で
直観的に読んでいきますが、
慣れるまではある程度決められた
枠組みの中で文法を組み立てるほうが、
スムーズにタロットのメッセージを
読み取ることができるはずです。
ここでは、世界で広く扱われている
オーソドックスなスプレッドから、
筆者オリジナルのスプレッドまでご紹介しました。
そのときの質問にぴったりくるものを
選んで占ってみましょう。
慣れてきたら自分で展開方法をつくってみてください。

ケルト十字法

　汎用性が高く、多くのタロットリーダーに親しまれるスプレッド。
　このスプレッドの特徴は、質問者と問題の現状を多角的に掘り下げることができることです。セラピー的要素の強いケルト十字法は、現状を読み取って解決の糸口を見つけたり、占い師が質問者にアドバイスしやすい構造を持ちます。
　弱点としては、恋愛や対人を占う場合に、相手の状況を示すカードが少ないため物足りない場合もありますが、自分が変われば環境も変わると考えると、ケルト十字法を使って、豊かな読み取りができるようになるでしょう。

①現状

　現時点で質問された内容が、どのような状態にあるかを示す場所
です。

②障害、あるいは援助

　問題の妨げになっている事柄が出る位置。ここのカードが示す
問題や課題を乗り越えることで、現状をよりよいものにできる
と考えます。良いカードが出た場合は、どういった援助があるか
が示されていると解釈します。

③顕在意識

　表面化している意識や目に見える要素を教えてくれる場所です。

④潜在意識、ポテンシャル

　心の奥底にある無意識の領域や隠された要素が示される場所で
す。

⑤過去、問題に関係のある出来事

　質問が生じてからの近い過去が示されます。ときには、一見質問
とは関係のない出来事が、ここに出る場合もあります。

⑥未来、次の行動

　現状①と過去⑤の直線上にある、近い未来を示す場所です。占い
を受けたり、何らかの心境的変化があり、行動パターンが変わる
と変化し得る未来ですが、大抵はこのとおりになるでしょう。

⑦相談者の状況

　現状①とのすみ分けを考慮すると、この位置に示される質問者
の状況とは、質問者の「態度」であることが多いです。

⑧環境と他者

　質問者を取り巻く環境や、対人、恋愛を占っている場合は、相手
の状況が示される重要な位置です。

⑨願望、恐れ

　ここには、質問者の願望(あるいは恐れ)が示されます。潜在意識
④との使い分けとして、9枚目のこの位置には崇高な上位の意
識、3枚目には原始的な下位の意識が示されていると考えても
よいでしょう。上位の意識は、問題に対する啓示にもなるため、
質問が持っている最もポジティブな可能性(あるいはネガティ
ブな可能性)がここに示されると考えてください。簡単にいえば、
この位置は、質問に関して起こり得る未来の可能性に近いこと
が出る場合があります。

⑩最終結果、質問に対する答え

　現時点での、質問に対する答えがこの位置に出ます。①から⑨
まで展開してきたカードは、すべてこの10枚目のカードの意味
へと集約統合されてくるように、つじつまを合わせながらリー
ディングするとよいでしょう。

ホロスコープスプレッド

　具体的な悩み事ではなく、年運や月運を読みたいとき、あるいはどのような仕事が向いているか、どのような結婚が向いているかなど、幅広いアドバイスを求めているときに有効なスプレッド。

　このスプレッドは、占星術の知識がある人にとっては、すぐにでも使える大変便利なものですが、占星術に馴染みがない人にとっては、12枚のカードがそれぞれ果たす役割を十分に理解することが困難だと感じる場合もあります。しかし、慣れれば極めて具体的な答えを導き出すことができ、応用の効くスプレッドなので、ぜひ挑戦してみてください。

①質問者本人

②財、収入、才能、持ち物

③親戚、兄弟、近隣、コミュニケーション

④家庭、基盤、故郷、拠点

⑤創造、作品、子ども、レジャー

⑥労働、雇用、病気、生活習慣

⑦他者、結婚、パートナー

⑧遺産、継承、もらい物

⑨学問、向上心、旅行、宗教

⑩仕事、成功、名誉、成果、課題

⑪友人、希望、未来

⑫目に見えないこと、不安、恐れ、敵

　ホロスコープスプレッドのリーディングのコツは、全体をまんべんなく読むというよりは、テーマに沿って、どのカードを重点的にみればいいかを分けると読みやすくなります。

健康運：①⑥

仕事運：②⑥⑩

恋愛運：①⑤⑦

対人運：③⑦⑪

ホロスコープスプレッドで時期を読む

　西洋占星術のホロスコープは、①のカードの位置を春分点として、90度ごとに④夏至、⑦秋分、⑩冬至という構造を持っています。

　ホロスコープスプレッドを使って1年間の展望を立てたり、よい時期をみるときは、以下の時期配分で占いましょう。大アルカナが正位置で出た場所や質問者の希望に沿ったカードが出た場所が、節目になります。

① 3月21日〜4月19日	⑦ 9月23日〜10月23日
② 4月20日〜5月20日	⑧ 10月24日〜11月21日
③ 5月21日〜6月21日	⑨ 11月22日〜12月21日
④ 6月22日〜7月22日	⑩ 12月22日〜1月19日
⑤ 7月23日〜8月22日	⑪ 1月20日〜2月18日
⑥ 8月23日〜9月22日	⑫ 2月19日〜3月20日

ホロスコープスプレッドで方位をみる

　西洋占星術のホロスコープでは、①のカードの位置が東の地平線で、⑦のカードの位置が西の地平線になります。各位置の方位対応は以下のとおり。

①東	⑤北北西	⑨南南西
②東北東	⑥西北西	⑩南
③北北東	⑦西	⑪南南東
④北	⑧西南西	⑫東南東

ホラリースプレッド

　筆者オリジナルの「オルタナティブ法」と「デュエット♥スプレッド」
のベースとなる、極基本的な構造を持ったスプレッド。必要最小限の展
開なので、リーディングに慣れていない初心者でも、比較的簡単に使え
る実用的なスプレッドです。

①質問者

　　質問者の状態を示す位置です。立場、態度、体調、地位、容姿など
　　質問者にまつわる情報のすべてをここのカードが象徴すると考
　　えます。

②環境 (相手)

　　質問に関係する他者全般を示す位置です。特定の相手を想定し

ない質問の場合は、質問者を取り巻く環境や、対人全般を教えて
くれます。①と対になっているので、同じように、相手の立場、態
度、体調、地位、容姿など広く網羅します。

③方向性と指針、課題

アドバイスカード。この位置に出たカードの導きに従って行動
することが、問題解決につながると考えます。悪い意味をもつ
カードや逆位置が出た場合は、乗り越えるべき課題、挑戦すべき
困難が示されています。この位置が示すカードを乗り越えるこ
とで、すべてが良い方向へと流れると考えます。

コートカードがこの位置に出た場合は、その人物が問題解決の
キーパーソンです。正位置で良い意味をもつようであれば、その
人物が助けてくれるかもしれませんし、逆位置などで悪い意味
に読み取れる場合は、その人物が邪魔になって、問題が解決しに
くいことが示されているのかもしれません。

④基盤、根本原因

質問の基盤を支える位置です。ここに出たカードが問題の根本
的原因を示すこともありますし、恋愛関係や家族の問題などで
は、そのユニットを支える基盤をここで読むことができます。転
職の質問でも、ここに会社と質問者を支える基盤が出ます。

⑤結果

質問の答えと、最終結果が出る位置。悪いカードが出ても、３枚
目のカードの課題をこなすことで、そのカードの良い部分が引
き出されると考えます。

オルタナティブ法

　筆者オリジナルにして、絶対お勧めのスプレッド。タロットカードがその神髄を発揮するのは、明確な選択肢があるときだと私は考えています。

　オルタナティブ法を展開するためには、質問に対して質問者がとり得る行動を、2つかそれ以上持っておく必要があります。

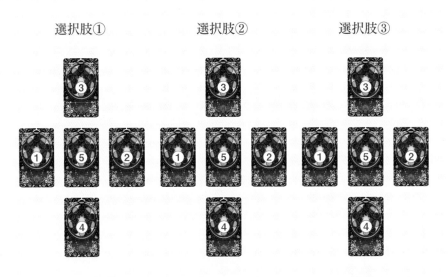

選択肢①　　　　　　　選択肢②　　　　　　　選択肢③

　たとえば、「転職について占ってください」といった漠然とした質問に対して、「転職を視野に入れて行動する場合、どのような選択肢が考えられますか?」と聞いてみて、2〜3とおり、あるいはそれ以上の道を質問者から出してもらいます。

選択肢①とりあえず今の職場を辞める。

選択肢②次の仕事を探しながら辞める機会を待つ。

選択肢③転職しないで、部署やワーキングスタイルを変える。

選択肢を出してもらうことのメリットは、想像以上にパワフルです。まず、展望を立てることそのものに開運効果があります。さらに、具体的な3とおりの道をイメージしてシュミレーションすることで、質問者の中でそれぞれの道に対する好き嫌いや希望や恐れが生じ、より積極的にいずれかの行動をとろうとする力が芽生えるため、望みが叶う可能性が開けるのです。

選択肢が2個以上出たら、それぞれを示す場所を決め、その位置にホラリースプレッドの5枚からなる基本スプレッドを展開します。選択肢①、選択肢②、選択肢③、それぞれの道に5枚ずつです。
位置の対応はホラリースプレッドと同じ。各選択肢に対して、丁寧にホラリースプレッドを読んでいきます。それから、それぞれの道にどのような可能性が開いているかを比較し、最終的にどこに勢いがあり、どこに問題があり、どのような選択をすれば、現時点で最も有効かを考えます。
勢いがあるというのは、たとえば、大アルカナが多く出ている、正位置のカードから構成されているなどです。引きが弱い道は、小アルカナのそれも逆位置が多く出ているなどで、慣れてくるとすぐに見分けがつくでしょう。

私は、占いが人のヤル気や行動を妨げるものであってはいけないと考えます。ですから、ヤル気になっている人に、良くない結果を知らせて気持ちを萎えさせたり、行動を先送りにさせるような占いならしないほうがいいと考えることがあります。災難を避け続けたり、より有利な方法ばかりをとって現世利益を追求したところで、それは学びの機会を奪っている過保護占いにほかならず、人生の醍醐味や生きる力を人から奪うことになるからです。

　こういったジレンマは、長年占いに魅了され関わり続けながらずっと持っていたテーマだったのですが、そういったジレンマを解決してくれるスプレッドが、オルタナティブ法だと感じています。

　このスプレッドの良さを理解していただくためには、まず、ご自身で質問してカードを展開しながらオルタナティブ法を体験してみてください。

　それぞれの道にはそれぞれのメリット・デメリットがあり、選択肢を明確に提示するのは自分自身であるという点において、画期的なスプレッドだとおわかりいただけるでしょう。

デュエット♥スプレッド

　筆者考案の、相性を占うときに知りたいと願う情報のすべてを網羅できる、最強のスプレッドをご紹介しましょう。このスプレッドでも、中心には基本のホラリースプレッドが用いられます。

　ホラリースプレッドは、自分と相手と2人を支える基盤が網羅できるホロスコープと同じ構造を持っているので、大変汎用性が高いのです。

　中心にホラリースプレッド5枚を配置したら、① 自分、② 相手を示す位置から、3枚のカードをシンメトリーに派生させます。必要に応じてもっと枚数を引いてもよいのですが、基本構造は、①②の位置からシンメトリーにカードが枝分かれしてゆくという点にあります。これによって、カップル各々の状況を細密に読み取ろうというスプレッドです。

①本人

　質問者の現時点でのコンディションを示します。

②相手

　相手の現時点でのコンディションを示します。

③方向性とアドバイス

　どのような心の持ち方、あるいは行為が2人の関係をより良いも
のとする鍵になるかを教えてくれる場所です。

④基盤

　2人の関係がどういった基盤の上に成り立っているのかを知る
ことができます。ここのカードが弱かったり逆位置だと、あやふ
やで頼りにならない基盤に、2人が恋などという柱を立てよう
としていることがわかります。たとえば、どちらかに収入がなく、
まだ学生であったり、どちらかに伴侶がいる状態での恋の場合、
ここに不安定なカードが出るでしょう。

⑤結果

　現時点での2人の関係の帰着点です。

⑥自分にとっての相手

　あなたにとって、相手はどういった存在なのかを知ることがで
きます。たとえば、父親のような存在であったり、ライバルで
あったり、といったことです。

⑦相手にとっての自分

　相手にとって、あなたはどういった存在か。自分のコンプレック
スを癒して応援してくれるチアリーダーなのか、ペットのよう

な愛玩的存在なのか、はたまた母親代わりか、などなど。

⑧自分は相手のことを好きか？

　自分の本心を教えてくれる場所です。

⑨相手は自分のことが好きか？

　相手の本心を教えてくれる場所です。

⑩自分は相手とどうなりたいのか？

　好きか嫌いかはともかくとして、今後2人の関係を、あなたはど
のようにしたいかの展望が示される場所です。たとえば、⑧の位
置に相手のことが「好き」と出ていたとしても、こちらに別れを
意味するカードが出れば、「好きだけど、別れたい」といった複雑
な内容も、このスプレッドは扱えます。逆に、⑧の位置で相手を
嫌っているかのようなカードが出たとしても、この位置に「結婚
したい」と出ることだってあるのです。

⑪相手は自分とどうなりたいのか？

　好きか嫌いかはともかくとして、今後2人の関係を、相手がどの
ようにしたいかの展望が示される場所です。たとえば、⑧の位置
にあなたのことが「好き」と出ていたとしても、こちらに別れを
意味するカードが出れば、「好きだけど、別れたい」といった複雑
な内容も、このスプレッドは扱えます。逆に、⑧の位置であなた
を嫌っているかのようなカードが出たとしても、この位置に「結
婚したい」と出ることだってあるのです。

デュエット♥スプレッドを 実際に読んでみましょう。

Q：あの人との関係について教えてください

関係をもつようになってから3年経ちますが、互いを「恋人」だとか「友達」だとか線引きは特にしていません。数ヵ月前に小さな喧嘩があり、それから一度も会っていませんが、スマホでの会話はときどき。今後どのように付き合っていけば？

①あなたの状態：ワンドのキング（逆位置）

この関係性における、質問者の態度はまるで暴君のようです。いちいちマウントをとらずにはいられないし、相手のすべてを支配しようとしているのでは？

②相手の状態：カップの9（逆位置）

相手は相手で、支配的なあなたに依存し、今の関係にあぐらをかいてしまっているようです。

③方向性：0 愚者

一度プライドを捨てて、あなたにとって「愚か」と思える捨て身の行為に出てみるのも、問題解決のきっかけになりそうですね……。本当の欲求に素直に落ちるべき？

④基盤：ワンドの9

諍（いさか）いの後互いの傷を癒しながら英気を養い、ある意味ギリギリの状態で保たれているという、一触即発な基盤の上に2人が関係性を築こうとしていることをなめてはいけません。

⑤結果：ワンドのナイト

どちらかがヒロイックな行動をとることで、関係性が保たれる啓示です。それは質問者でしょうか？③のアドバイスに従うのなら、質問者である可能性が高いですね。

⑥質問者にとっての相手：ペンタクルスのナイト（逆位置）

お金や労力のかかるわがままな存在。

⑦相手にとっての質問者：ペンタクルスの2（逆位置）

帳尻の合わない存在（一緒にいて割に合わないと考えている可能性）。

⑧質問者は相手のことを好きか？：XIII 死神

今はいったん気持ちに踏ん切りがつき、何か大きなステージの変化がないかぎりは、もうこの関係を解消しようかという心境かも。

⑨相手は質問者のことが好きか？：ペンタクルスの1

少なくとも、容姿に対する魅力をしっかりと感じているようです。

⑩質問者は相手とどうなりたいのか？：ワンドの6

質問者の場合は、この関係性において勝利を収めることが、自分のステイタスやプライドを満たす要素があるのだと思われます。勝ち組になりたいという思いもあるのでしょうか。

⑪相手は質問者とどうなりたいのか？：X運命の輪

相手は質問者のことを、運命の人だと認識していて、結婚など苦楽を共にする2人の未来を希望しているようです。

総合的見解

今のような関係を続けてゆくには、基盤が弱すぎるので、質問者が一念奮起してリーダーシップをとるというような、関係性の改善が必要だと思われます。相手は質問者のことを運命の相手と考えているようなので、自信を持って、現在のようなふわふわした関係から、次のステージへと移行するための行動をとるべきでしょう。

ヒント

ワンドとペンタクルスのカードが多めで、ソードが一枚も出ていません。2人とも朴訥で、あまり策略家ではなさそうですね。ちょっとしたきっかけで、負けず嫌いや利害の奪い合いという単純な争いになりそうです。思いやりや気遣いが足りない（カップとソードの不足）ことが理由でしょう。

逆位置のカードが互いのスタンスと、互いにとっての相手の位置に出ている現状は、どちらも素直でストレートな態度を相手にとっていないし、相手の存在を自分の中でどのように扱うかに迷いが多いことを示します。

スプレッドを展開するまでの手順

シャッフル

　正位置と逆位置が混じるような方法でシャッフルしたほうがよいので、通常は広めのテーブルにカードを裏返しで広げて、カオスをつくるイメージでグルグルと混ぜます。

　広い場所がとれない場合や外でささっと占うときなど、私は雑な性格なので、手の中でシャッフルしながら、ときどき部分的に回転させながら正逆を作っていく場合もありますが、これはあまり褒められる方法ではないですね。

クロス

　つるつるの机の上にカードを展開すると滑ったり、カードをめくるときに爪をたててカリカリしなければならず、まごつくので、クロスはあったほうがベターでしょう。使い込んだカードだとそういう心配はないのですが……。クロス自体が滑る問題を避けるためには、ある程度大きく広げられるものを用意するとよいでしょう。テーブルに垂らせればよいので、大きくて困るということはありません。

　無地、あるいはシンプルな柄のほうが望ましいのは、カードの絵柄の邪魔をしないためです。

スプレッドを展開

さまざまな方法があるかと思います。
①裏返しに展開して、読み解く順に表にめくっていく。
②ひとまず裏返しに展開して、すべて表に向けてから全体を読む。
③最初からすべて表向きに展開する。

①の方法だと、バラバラな断片を拾うことになり、全体をとらえることが難しいので、あまりお勧めできません。②番目は、メンツが揃ってから恭しく一枚一枚が明るみになるドラマチックな演出を楽しめます。私はせっかちなので、③の最初からすべて表向きに展開する方法を取ることが多いです。

　カードをめくるときに注意しなければならないのは、正逆がひっくり返ってしまわないように、カードの短いほうの辺を軸に本のページを開くようにめくる方法をお勧めします。長いほうの端を持ってノートパソコンを開くようにめくると、上下が逆になるから不都合です。

カードのメンテナンス

　高温多湿で雨の多い日本では、紙製のカードがくっ付いたり膨張してシャッフルしにくいときがあります。また、使い込んだカードには手垢がつきます。紙製のカードは意外と丈夫なので、私はアルコールティッシュ（除菌用ティッシュなど）で、ゴシゴシ拭きます。

　これを繰り返していると、カードの角や側面が丸くパサパサになって、カードが分厚くなってゆくのですが、そうなったカードは先述のクロス問題を解決してくれます。つまり、テーブルに直接展開しても、張り付いたり滑って困ることがなくなるので、好都合なのです。

　ただし、この方法は私が雑な性格なので成立しているだけかもしれませんので、カードをアルコールティッシュで拭くときは自己責任で。

日付

Q：

スプレッド

リーディングノート

バランス

大アルカナ：
小アルカナ：
コートカード：

正位置：
逆位置：

ワンド：
ペンタクルス：
ソード：
カップ：

飛び出しカード

質問者データ　　M・F　Birthday　　　　　ASN　SUN　MOON

連絡先：

ASN：アセンダントの意。占星術で扱う出生図の東の地平線の位置にあたるサインをご存じなら記入。
SUN&MOON：太陽と月の意。占星術で扱う出生図の太陽サインと月のサインをご存じなら記入。

日付 _____

Q：

スプレッド

バランス

大アルカナ：
小アルカナ：
コートカード：

正位置：
逆位置：

ワンド：
ペンタクルス：
ソード：
カップ：

飛び出しカード

リーディングノート

質問者データ　　M・F　Birthday　　　　　ASN　SUN　MOON

連絡先：

ASN：アセンダントの意。占星術で扱う出生図の東の地平線の位置にあたるサインをご存じなら記入。
SUN&MOON：太陽と月の意。占星術で扱う出生図の太陽サインと月のサインをご存じなら記入。

第5章

読み方のコツ

タロットカードを読むときは、
スプレッドとよばれる
決まった展開を丁寧に読む方法から、
1枚だけ引いて啓示を得る方法など、さまざまです。
どのように使う場合にも、
ある程度共通した読み方のコツがありますので、
いくつかご紹介しましょう。

逆位置に出たカードの解釈

　逆位置に出たカードの解釈は、大きくわけて4とおりあります。

　1つ目は、意味が反転する。
　たとえば、「運命の輪」の正位置は、チャンスが到来して運命が回り始めることを示しますが、逆に出ると輪が逆転するイメージから、元の木阿弥や振り出しに戻る、といった解釈をする占い師もいます。また、「悪魔」のカードの正位置の場合、束縛や深入りすることを示しているとして、逆位置に出ると解放される、自由になると読むときもあります。

　2つ目は、意味が弱まるとする場合。
　たとえば、「塔」が正位置で出ると、衝撃的な出来事や突然の事故などを指しますが、逆位置の場合は、予想の範疇での事件が起こると解釈することができます。「星」のカードも正逆ともに、願いが叶う暗示になりますが、逆の場合はまだもう少し時間がかかると考えます。

　3つ目は、カードの意味のネガティブな側面が出るとする場合。
　たとえば、「隠者」の浮世離れして達観した部分が、逆位置では協調性のなさや偏屈であることを示すと読むことができます。「審判」の場合は正逆ともに裁きがくだるのですが、正位置は努力が評価されたり結果が出せるときに出ることが多いのに比べ、逆位置は悪事のツケが回ってくると解釈できるときもあります。

　4つ目は、3つ目の派生系ともいえるのですが、カードの意味がひねくれた出方をする場合です。長所は短所ですから、カードの良い部分がひねくれた出方をすると、受け手にとって不都合になるというだけのことであって、悪意が生まれるような解釈とはちょっと違います。たとえば、太陽のカードは正位置で出ると、無邪気で奔放な子どもらしさが出ますが、逆位置に出ると幼児性やわがままといった解釈もできます。同

じことを指していますが、受け手からみて不都合な出方をしているだけのことなのです。

　いずれの場合にも共通した解釈として、カードが正位置に出ないということは、**「この位置の流れがスムーズではない」**と考えることです。

　スプレッドを展開して、半数以上が逆位置、あるいはすべてのカードが逆位置に出ることもザラにあります。また、同じ質問を繰り返し尋ねても、確率的にはあり得ない頻度で、逆位置しか出なくなるという経験も多々あります。その場合、下手に動いても裏目に出やすいし、悩んでいること自体が勘違いの可能性もあり、とにかく今は問題からちょっと距離を置いて、結果を急がなくてもよいと考えてください。

　逆位置しか出なくなるという場合は、雑念や雑音が多すぎて、運気の流れが正常に機能しないという意味もありますし、タロットを媒体として高次 (あるいは低次) の意識や知識のリソースに、コンタクトすることができにくくなっているというシグナルです。アンテナやチューニングの不具合ですね。

　心配することはありませんが、仕切り直しが賢明でしょう（P169「エネルギーのリセット方法」参照のこと）。

大アルカナと小アルカナ

　展開したカードの全体を見渡して、どのくらいの比率で大アルカナが出ているでしょうか。また、どこの位置に大アルカナがあるのかにも注目です。

　大アルカナが出ている場所は、重要な意味を持ち、質問者の人生に大きな影響を与えそうな、あるいは大きな意味をもつ出来事を担います。

　一方、小アルカナは、日々の営みの細やかな出来事を反映し、人生を大きな流れとしてとらえた場合に、さほど影響のない悲喜こもごもが出ていると考えてよいでしょう。

　たとえば、小アルカナたちがネガティブな事象を示していても、大アルカナに良いカードが出ていれば、「一見不幸な出来事に見舞われたり、望んだ結果とは違う展開だが、人生として考えたときにはそれでよかったと、後で思える結果になる」と考えることができます。

　逆に、小アルカナに良い啓示が散見できるのに、大アルカナの部分が逆位置になってエネルギーがとどこおっている場合は、「目先の願いは叶うが、人生としてとらえればそれが遠回りになったり、試練を乗り越える機会を失っているのかもしれない」と読むことができるでしょう。

　このように、大小アルカナをバランスとして読み分けることができれば、立体的にタロットの啓示をとらえることができるのです。

　そういった理由からも、私は初心者にも最初から78枚のカードすべてを使ったリーディングをお勧めします。少ないから簡単に読める、ではないのです。大アルカナだけで目先の事象を読むことができるのかどうかは、リーダーの技術によるところも大きいのでしょうが、私にとってはかえって遠回りのように思えます。

スート (ワンド・ペンタクルス・ソード・カップ) のバランス

　ワンドのカードがたくさん出ているときは、質問や問題の本質が「勝ち負け」や征服欲に由来していることが多いでしょう。

　たとえば恋愛相談をしていたとしても、ワンドのスートがたくさん出ていれば、誰かに対する見せしめ的な目的や意欲が背後にあったり、その人自身が、恋愛をしていること自体が勝ち組の条件であると考えている場合もあるでしょう。また、相手に対する征服欲もワンドが示す欲求のひとつです。

　ワンドのスートは、ヤル気があるのかどうか、ワクワクしているのか、熱意と意欲を持ってその問題に関わっているかどうかを反映することもあります。

　ペンタクルスのカードがたくさん出るときは、金銭的なテーマか肉体的なテーマが反映されます。

　質問者や関係者が実社会においてどのくらい使い物になるのか、あるいは実績があるのか、資格を持っているのかなどの、極めて現実的な事柄をカードは指し示すでしょう。悩みが具体的で、相談者が地に足が着いており、現実的な方向性を模索しているからペンタクルスがたくさん出るのです。

　たとえば、仕事の相談をしているのに、ペンタクルスのカードが展開したスプレッドのどこにも出ていない場合、質問者は資金繰りや資格など具体的な目処も立てずに話を進めようとしていることがわかるでしょう。

　ソードのカードがたくさん出るときは、問題が複雑で思索を要すると考えられます。質問に関わる他者が多い場合もソードです。錯綜する情報をどのように扱えばいいのか、切り捨てるべきものはあるのか。そういったことを理性的に考えながら有利に動く方法を模索しているときも、

ソードのスートがたくさん登場します。質問者が策士であるか、あるいは頭でっかちであることがうかがえます。ソードはまた、情報やリサーチ力を指すこともあるため、質問に対するリサーチ不足のときは、このスートがあまり登場しません。

　カップのカードがたくさん出るときは、質問や問題の本質が「情緒的」にとらえられていて、心理的な動きが反映されます。試験や資格などの具体的な相談内容であったとしても、カップのカードが多ければ、コネやツテなどのコネクションに結果が左右されるなど、人とのつながりやしがらみが反映されているのです。親を喜ばせるための志や、恋人と同じ進路を選びたいなどの、情緒的なバックグラウンドがあるのかもしれません。恋愛相談でカップが多く出れば、愛着や情愛が芽生えている証拠となります。

ワンドとカップの比重が高く、ペンタクルスやソードがまったく出ないか、あるいは1枚、または逆位置で、しかも数も少ない場合。
　質問者や登場人物たちがそれぞれに主観的で、自分の気持ちや熱意に酔っているようです。客観的に問題をとらえたり、具体的な解決策を編み出す力が不足しています。とはいえ、この組み合わせは、楽しげでドラマチックではあります。

ペンタクルスとソードの比重が高く、ワンドとカップがまったく出ないか、あるいは1枚、または逆位置で、しかも数も少ない場合。
　質問者や登場人物たちが策や利益の追求を優先し、それに心が伴わないか、あるいはヤル気が伴わないか、不足していることが現れているのでしょう。とはいえ、この組み合わせは、地に足が着いていて、客観的視点がすばらしい組み合わせです。

カップとペンタクルスの比重が高く、ソードやワンドがまったく出ないか、あるいは1枚、または逆位置で、しかも数も少ない場合。

現実的で穏やかな状況ですが、夢や向上心に乏しいところがあったり、他者の悪意に対してやや無防備な場合も考えられるでしょう。とはいえ、この組み合わせは、往々にして平和で落ち着きがあります。

ワンドとペンタクルスの比重が高く、ソードやカップがまったく出ないか、あるいは1枚、または逆位置で、しかも数も少ない場合。
　質問者が問題点にフォーカスできていて、周囲や環境に流されない状態にあることが見てとれます。ときに利己的な決断をくだす組み合わせなので、周囲との摩擦があるかもしれません。とはいえ、この組み合わせは、極めて現実的な行動力を有します。

カップとソードの比重が高く、ペンタクルスとワンドがまったく出ないか、あるいは1枚、または逆位置で、しかも数も少ない場合。
　質問者や登場人物たちが過敏であったり、繊細すぎるコンディションがうかがえます。周囲や環境に配慮しすぎて、自分を見失い気味の組み合わせ。とはいえ、それだけに周囲から人気が高く、周囲からの援助や支持を望めるでしょう。

ワンドとソードの比重が高く、ペンタクルスとカップがまったく出ないか、あるいは1枚、または逆位置で、しかも数も少ない場合。
　質問者や登場人物たちが無鉄砲で行動的な状態にあるようです。状況に積極的に働きかけながら、自分のやり方を貫こうとするでしょう。それによって傷つく犠牲者が出る可能性も。とはいえ、目的を遂行する行動力と勢いに恵まれた組み合わせです。

最終結果など重要な位置にコートカードが出たら

　単純に、その質問に対して重要な役割を果たす人物が指し示されている場合もありますが、特に思い当たる節のない質問内容の場合は、人物の指し示す肖像を比喩として解釈します。

　もうひとつの方法として、これは多少、読解力を必要としますが、もう１枚補足カードを引いてみてもよいのです。補足カードの意味と人物の意味をブレンドして解釈するというテクニックです。

●人物像を比喩として解釈する

【例】引っ越しの相談……最終位置に「カップのキング」が出た場合

　「カップのキング」には、温かく、親身になってくれる父親的包容力をもつ人物像が描かれていますので、比喩としては、温かく落ち着きのある住居が想像できます。駅近などの利便性を優先した騒々しい環境というよりは、もう少し閑静で安眠できそうな環境がよいですね。カップのキングはまた、自分のルーツとのつながりの強さや血縁者との関係の深さを暗示しますから、実家の近くや自分や先祖とゆかりのある土地もお勧めです。

　マンションであれば、できるだけ下層階がカップのスートの示す階層なので、高層階よりも下層階のほうが親和性があります。海や湖、噴水、市民プールなど水辺の近くもよいでしょう。

●補足カードを引く

【例】テストの結果についての質問 ...... 最終位置に「ペンタクルスのクイーン」が出た場合

　まず、質問者に、試験に関わる人物の中に実力があって豊かで地位のある人物で、質問者を援助してくれるような存在がいるかどうかを尋ねてみます。特にいないようであれば、補足カードを引きます。補足カー

ドに、「星」のカードが逆位置で出ました。

　この場合、質問者の未来のビジョンに、豊かで実力や地位のある人物として、その分野に貢献したいという思いが描かれていることがみてとれます。しかし、「星」のカードは逆位置で出ているため、質問者にはまだ具体的な取り組みが足りず、希望を叶えるにはもう少し時間がかかることが暗示されています。

　今回の試験は、部分的にしか成果を出さないようにみえます。しかし、今回の小さな成果は、質問者の目指す未来像に、より具体的に近づくための第一歩となるでしょう。

　めったにありませんが、補足カードもまた人物カードであった場合、コートカード以外が出るまで引き続けてください。コートカードではないカードをガイダンスにして、悲喜こもごもの人物のニュアンスを軽くブレンドします。相当の技術を要しそうですが、リーディングの中心を握るのはコートカード以外の１枚として、そこを拠り所にすれば何とかなります。

　１枚引き以外の、スプレッドリーディングでは、バラバラの断片をいちいち取りざたして均一に読むよりも、気になったところを軸に物語を組み立てるテクニックを要求されますので、何を軸にするかの指針を持っていることが大切になります。場数を踏んで、どういった啓示がどのような結果に結びつくかの経験を積みましょう。
　タロットリーディングで大事なのは、バラバラの象意に物語性を見いだす力だと思います。物語には説得力があるからです。

飛び出しカード

　カードをシャッフルしたり束ねたりしている行程で、一部のカード
が表を向いてその顔を覗かせたり、ときには飛び出してきて束から離れ
ることがあります。その場合、慌ててそれを拾って束に戻すのではなく、
ひとつのメッセージととらえて読み取るようにしましょう。

　そういったカードは、問題全体を把握した上で、前もって何かを伝え
てくれるメッセンジャーのようなものです。

　飛出しカードをリーディングしたら、そのまま束に戻して、展開のし
かるべき位置で再び出てくる可能性を開いてもよいし、横によけておい
て象徴カードとしてリーディングに加えてもよいでしょう。

●飛び出しカードの例

「悪魔」……質問者本人が、今の状態に依存しているか、好き好んで捕
われていることに気が付くべきだとカードが伝えているかもしれません。
あるいは、質問者が占い師から占い師へとショッピングして、自分の気
に入った答えが出るまでそれを止められないなど、占い依存に陥ってい
ることを暗示している場合も。

出版社のアドレスカードや説明カード

　開封直後のデッキで、すぐに占いを始めると、同封の目次カードや説
明カードのような、タロットカードとは違うカードを一緒にシャッフル
してしまい、それがスプレッドに混じり込んでお目見えすることがあり
ます。

　私の場合は、教室でタロットの実践をお教えする機会が多いので、稀
にそういった経験をします。あるときは、ライダー版の付属として、画
家のパメラ・コールマン・スミスの肖像画が混じっており、それが対人
の位置に出たことがありました。展開されたご本人は慌ててカードをか
き集めてシャッフルし直そうとされましたが、私には、パメラが「こん

にちは！」と挨拶をしてくれたようにみえました。いたずらっ子で「ピクシー」と呼ばれることもあったというパメラですから、そういうこともあるでしょう。

飛び出しカードもそうですが、こういったアクシデントは「間違い」「失敗」ととらえて取り繕おうとせずに、そこから物語を読み取るくらいの余裕を持って、カードと対話する姿勢が、タロットカードリーディングをより豊かなものにしてくれることを、念頭に置いてください。

すべてのカードが逆位置

質問の回路が混線していて、うまく情報のリソースとつながっていないか、ネガティブなリソースとつながってしまっています。展開されたカードを読むことを中止しましょう。深呼吸してもう一度展開してみて、それでも逆位置が多い場合は、少しカードから離れます。

別の質問をしてみて、正常な展開が出始めたら、そのまま質問の切り口を変化させながら対話をしてよいのですが、その日はその悩みや問題について冷静になる必要がありそうですね。

読めないカード

カードを展開して、順番に意味を読み取っていこうとする場合、読み取りにくいカードと位置の組み合わせもあります。

雰囲気はわかっても、具体的な解釈や言葉に置き換えることが難しいと感じたら、そのカードを飛ばして前後のカードの解釈を進めてみましょう。行きつ戻りつしているうちに、最初は読めなかったカードが自ら語り出すことが多いです。

前後のカードの解釈が終わってから再び読めないカードに戻っても、まだ意味がわからない場合は、読めないカードの横かまたは重ねるように、もう1枚カードを引いてもよいでしょう。

それでも読めない場合は、メモをとっておくと、後にそのカードが意味したことがわかる場合があります。カードのメモを取っておくことは、大変有効な行為です。すんなり解釈したつもりでも、後に質問の結果が出たときに、展開したカードとの別のつながりを発見して驚くこともあるものです。

結果が気に入らないとき

　カードを展開し、きちんと読んでみても、結果がどうしても気に入らない、あるいは的外れな気がするときがあります。そういうときは、タロットカードに執着して、それがすべてだと思うことをきっぱりやめましょう。占いから離れればよいのです。気に入らないけれど、一度聞いて結果が出てしまったのだから、きっとそうなるのだと思い込む必要はありません。

同じ質問を何度もしていいか？

　良いです。ある種の状況に対して質問をすることは、それ自体に大きな意義があります。混乱の中にあって問題に翻弄されているときは、疑問も質問も浮かばないからです。

　つまり、質問が明確にあるということは、問題の解決のスタートラインに立つという意味でもあります。質問には必ず何とおりかの答えや選択肢が予想されていて、質問者は答えのいずれかを望んだり恐れたりしています。より良いイメージを示してくれるカードが出て、それに乗っかれば、霧が晴れるように問題は解決に向かうでしょう。

　読み取りにくいイメージしかカードが示していないときは、日を改めたり気持ちを切り替えたり、質問の切り口を変化させながら何度でも相談すればよいのです。

　親しい友人や家族に、悩みを打ち明けて、話しているうちに気分がすっ

きりするという経験は誰にでもあるはずです。問題が解決した訳ではないのにです。タロットカードにもそれができると私は考えています。偏見や誘導がないぶん、大変中立的で、なおかつ自分のことを軽蔑したり嫌ったりすることもない友人です。

エネルギーのリセット方法

　カードの読み方のコツのうち、「すべてが逆位置」「読めないカード」「結果が気に入らない」「同じ質問を何度もしていいか？」などの項目で扱ったエネルギーのとどこおりや、アンテナがきちんと情報を受信できないときのリセットの仕方を、エレメント別にご紹介しましょう。
　エレメントとは元素のことを指し、西洋では「火・土・風・水」の四大元素のことです。タロットのスートでは、火はワンド、土はペンタクルス、風はソード、水はカップ。星座では、火は牡羊座、獅子座、射手座。土は山羊座、牡牛座、乙女座。風は天秤座、水瓶座、双子座。水は蟹座、蠍座、魚座になります。

　逆位置でたくさん出たスートに対応した元素や、ご自身の星座に対応した元素に合ったリセット方法を使うとより効果的でしょう。

♣火のエレメントのリセット方法
　ワンド・牡羊座・獅子座・射手座

セージを炊く
　ホワイトセージは、強力な浄化作用をもつハーブとして古くからネイティブアメリカンなどに使用されてきました。無毒なハーブでありながら、その香りの清涼感が強烈で、周囲いっぺんを煙で清める作用が期待できます。本来、火のサインはゾロアスター的な儀式全般によって、エネルギーを活性化する性質をもつので、状況が許すなら、護摩焚なども効果的です。

日光浴

　万物に降り注ぐ太陽光は生命の源であり、陽のエネルギーの権化でもあります。物理的にも強力な殺菌効果があり、植物や動物を育む影響がある陽光を浴びることでリセットされないモヤモヤはないでしょう。

ダンス

　身体を動かして内側に活気を取り戻すことで、発汗したり発散することは、大いにエネルギーリセットの助けになるでしょう。

◆土のエレメントのリセット方法
ペンタクルス・山羊座・牡牛座・乙女座

散歩

　足の裏が柔らかくなると、考え方が柔らかくなります。身体が固まってくると恐怖心が強くなるし、冷えてくると不安感が増幅されます。身体の血流を良くして、筋肉を柔らかくしておくことは、柔軟で健全な思考を保つうえで重要なのです。とどこおっているときは、散歩して気持ちをリフレッシュしましょう。

アロマ

　土の元素は香りや肌触りなど、五感を満たすとリフレッシュする性質があります。好みの香りで気分を変えるのもよいですし、土を連想させるパチュリ、土星と関係の深いベースノートの香りは、特に元気にさせてくれるでしょう。

塩やクリスタルなどのミネラル

　塩のもつ浄化力はいうまでもなく、食物を長持ちさせたり保存するために用いられたり、お清めの道具として扱われるものですから、即効性があって手軽なリセット方法として活用しましょう。クリスタルも、使い慣れたものがあれば身につけたり握ったりすることで、気持ちを良い

状態にチューニングできることもあるでしょう。土の元素は、実態のあるものを扱うほうが効果的です。

♠風のエレメントのリセット方法
ソード・天秤座・水瓶座・双子座

窓を開ける
風の元素にとって、新鮮な空気は死活問題なのです。窓を開け放って空気を入れ替えると、みるみるリフレッシュする自分に気がつくことでしょう。

マントラを唱える
音や言葉と親和性があるのが風の元素です。神聖な言葉を口に出して唱えることで、全身に光が巡り、それまでの淀んだ気が一掃されるはずです。

散歩
土の元素と共有できるのが、散歩です。風の元素にとっての散歩は広々とした屋外に出ることによる効果が期待できます。足を大地に着けることが目的だった土とはちょっと違った目的ですね。風の元素は閉じ込められた空間に長くいると、その閉塞感にふさぎ込んでしまう性質をもつため、うまくアンテナが機能しないと感じたら、外へ出ることでリフレッシュできるのです。

♥水のエレメントのリセット方法
カップ・蟹座・蠍座・魚座

シャワーを浴びる
水は、すべてを浄化する作用をもち、エネルギーのリセット法として最もポピュラーで強力な効果を発揮します。教会や神社の入口にはお清

め用の水が必ずありますし、古来から禊<ruby>禊<rt>みそぎ</rt></ruby>の習慣は、不純なものを洗い流す儀式として、当たり前のように日常に取り入れられているエネルギーのリセット法です。とどこおっていると感じたら、迷わずシャワーを浴びましょう。

仮眠をとる

子宮回帰願望の強い水の元素にぴったりなのは、シンプルにして、最終手段ともいえるリセット方法。眠りに入る前後の瞑想状態や、レム睡眠時にみる夢がもつ浄化力は大変なものがあります。ほんの少しの仮眠でも、気持ちを新たにする助けになるはずです。

ペットや好きな人とのスキンシップ

身体と身体がふれあうことで、オキシトシンという愛情ホルモンが分泌されるのだそうですが、水のサインは何かと「つながっている」という感覚をとても必要としています。好きなものに触れることで、どんよりしていた気分が晴れることが期待できます。

日付

Q :

スプレッド

バランス

大アルカナ：
小アルカナ：
コートカード：

正位置：
逆位置：

ワンド：
ペンタクルス：
ソード：
カップ：

飛び出しカード

リーディングノート

質問者データ　　M・F　Birthday　　　　　　ASN　　SUN　　MOON

連絡先：

ASN：アセンダントの意。占星術で扱う出生図の東の地平線の位置にあたるサインをご存じなら記入。
SUN&MOON：太陽と月の意。占星術で扱う出生図の太陽サインと月のサインをご存じなら記入。

日付　＿＿＿＿＿＿＿＿＿＿

Q：

スプレッド

バランス

大アルカナ：
小アルカナ：
コートカード：

正位置：
逆位置：

ワンド：
ペンタクルス：
ソード：
カップ：

飛び出しカード

リーディングノート

質問者データ　　M・F　Birthday　　　　　　ASN　SUN　MOON

連絡先：

ASN：アセンダントの意。占星術で扱う出生図の東の地平線の位置にあたるサインをご存じなら記入。
SUN&MOON：太陽と月の意。占星術で扱う出生図の太陽サインと月のサインをご存じなら記入。

第6章

コートカードで占う
〜相性まるわかり徹底解釈〜

タロットカードの展開の中には、
質問者と相手を示す位置があるスプレッドも多いので、
そこをみれば、ある程度本人の状態や
相手の状態を推測することはできます。
そのとき、2人の気持ちやコンディションを
読み取ることはできるのですが、「相性」といわれると、
なかなか難しいものがあります。
たとえば、「一緒にいて楽」「なんだか気になる」
「好きだけど態度が裏目に出てギクシャクしちゃう」
などの組み合わせの問題です。
実際の鑑定の現場では、お互いのコンディション以上に、
気持ちや相性を知りたがる質問者が多いので、
コートカードを使った、
相性をみることに適した簡単な2枚引きをご紹介しましょう。

小アルカナやコートカードは、4つのスートから構成されており、スートにはそれに当てはめられた元素（エレメント）があります。四大元素の基本構造のもとになる考え方は、哲学者アリストテレスの自然学や、錬金術や占星術の体系の中にも組み込まれており、4つの元素それぞれの組み合わせによる相性があります。

　私は占星術の体系を通じて元素による組み合わせの相性について長年深く研究していますので、「コートカード2枚で占う相性」はそれを活かそうと考えて編み出された方法です。

基本的な考え方

　スートの組み合わせで付き合いやすさを読みます。

●同じスート
　2人は似通っているし、息がぴったりで調和した良好な相性。
●ワンド＆ソードあるいはカップ＆ペンタクルス
　利害が一致しやすく違和感も感じにくい、一緒にいると楽しく盛り上がる相性。
●ワンド＆カップあるいはペンタクルス＆ソード
　共通点の少ない組み合わせで、通常は反発しあうが、お互いを尊敬できる要素があれば、強く惹かれあうこともある組み合わせ。
●ワンド＆ペンタクルス
　ベタベタした関係にはなりにくく、基本クールで互いに無関心。疎遠になりがちな相性だが、利害が一致した場合は、互いの才能を称えあい尊敬しあうことも可能。
●ソード＆カップ
　どちらも優しく、相手を察する敏感あるいは鋭敏な性質をもつ。互いに気を遣いすぎて、距離感を計りにくく、場合によっては相手を恨んだり、関係に疲れたりする組み合わせ。

役職で力関係を読む

　コートカードにはそれぞれに役職があるので、相性における力関係がそこに出ると考えてみましょう。ペイジは駆け出しの見習いで、ナイトは血気盛んな若者。クイーンは包容力のある母親的存在で、キングは支配者です。

　力関係はそのまま、

　ペイジ ＜ ナイト ＜ クイーン ＜ キング

　となります。関係性におけるイニシアチブは、より強い力をもつ者が握るのが普通です。

　たとえばコートカード占いで、親子を占ったとしても、子どもがキングで親がナイトと出る場合もあります。この場合、親が子どもにかしずいて、子が王様のように振る舞っているという親子関係が浮き彫りになります。夫婦で妻がキング、夫がペイジなら、かかぁ天下であるだけでなく、夫がまるで子どものようであることが露呈します。

自分や相手の位置に出たカードで、
関係性におけるスタンスを知る

- ♣ワンドは、相手に対する承認要求が強いときに出ます。もっと自分を認めてほしい、賞賛してほしい、という要求です。
- ♠ソードは、相手に対する好奇心と策略的意識が高まっているときに出ます。相手のことをもっと知りたい、うまく付き合いたい、対話を持ちたい、という要求です。
- ◆ペンタクルスは、相手から何か得るものがあると感じているときに出ます。相手と付き合うメリットは何か、肉体関係を持ちたい、何をしてくれるのか？ という具体的要求です。
- ♥カップは、相手と心の交流を求めています。相手から愛されたい、愛したい、わかってもらいたい、甘えたい、優しくしてあげたい、という欲求です。

占い方

◎恋人、夫婦、親子、先輩後輩、会社の仕事仲間、取引先の相手など、さまざまな関係における相性を解釈できます。2枚のコートカードで、気になる相手との関係を占ってみましょう。

◎占い方は、人物が描かれているコートカード16枚だけを使います。

◎次に、自分の位置と相手の位置を決め、そこに1枚ずつカードを引いて展開します(占いたい相手が多数の場合は、その人数分のカードを引きます)。

> ホラリースプレッドや、オルタナティブ法などと組み合わせて使う場合、自分と相手を示す位置(①と②の位置)の横にコートカード16枚から1枚ずつ引いて添えると大変有効なので、慣れてきたらぜひ試してください。驚くほど細密に、関係性のリーディングができるはずです。
>
> *その場合、軸になるホラリースプレッドなどは、通常通り78枚で展開しますので、2デッキ使うことになります。私は、コートカードから相性の情報を補足的に引き出したいことが多いので、サイズの違うデッキから16枚抜き取ったものを常に準備しています。

◎P180から始まる相性解釈文の中から、自分の位置に引いたカードのページを探します。自分の位置と相手の位置に引いたカードの解釈文が占い結果です。

1. ここで示された関係性は、現時点での関係性なので、望ましくない結果が出てしまった場合でも、また2人のバランスが変化するに伴って結果は変わってきます。少し間を置いて、また引いてみるとよいでしょう。

2. コートカードで占う解釈文では逆位置をとっていませんが、引いたカードに逆位置が出た場合は、相手あるいは自分が、この関係性に向き合っておらず、なんらかの理由で「ヤル気がない」「そっぽを向いている」「萎えている」「弱腰」「遠慮がち」であることがうかがえます。基本的な意味や相性は変わりません。

3. 解釈文がピンとこなかったり、物足りないと感じる場合は、コートカードの解説のページ (P126 ～ P133) で、自分と相手の位置に出たカードを確認しながら、最終的に自分で自由に読めることを目指してください。解説文はあくまで、一例であり目安です。

占い例

Q: 今年入社した会社の後輩とプロジェクトで組むことになりました。彼女とうまくやっていけるのか、相性を知りたいです。

ペンタクルスのキング　　　　　　　ソードのナイト

占い結果

　自分の位置にペンタクルスのキングが出ているので、質問者がそれなりに自分のキャリアに自信があり、自分のやり方に素直に従ってくれる相手を求めていることがわかります。

　相手の位置にはソードのナイト。ソードのナイトは意志疎通がスムーズで、フットワークが軽いので、情報収集やリサーチを任せるとよい結果を出してくれそうです。しかし、不言実行のペンタクルスのキングからみると、口数が多いし理屈っぽく感じたり、機密事項をリークするかもしれないという印象も否めないでしょう。うまくやっていくには、最初の段階で取り決めごとのガイドラインを明確にしておくとよいでしょう。

PAGE of WANDS.

自分の位置にワンドのペイジ

相手に対して、良くも悪くも熱い思いを抱き始めてはいますが、まだそれほど明確な目的が定まっていません。

とにかく、相手の気を引きたい、褒められたい、認められたいという衝動から、自分を大きくみせようと、気持ちが逸る状態です。

相手：ワンドのナイト

悪友気分でやたらと盛り上がれる相性。あなたからみて相手はカッコよくみえるので、良いところをみせようとつい背伸びしてしまいがち。あなたは相手を羨望し、追いつきたいと感じるでしょう。相手はあなたのことをかわいい後輩のように感じているかもしれませんが、「青二才」といったニュアンスで少しバカにされている部分も。

相手：ワンドのクイーン

あなたからみて、少し小うるさい相手がワンドのクイーン。クイーンからみると、あなたはついつい口出ししたくなるような頼りなさがある一方で、ヤル気のあるかわいらしい存在にみえるようです。相手の言いぐさが鼻についても、頼って吉の相性です。

相手：ワンドのキング

あなたからみて怖い相手。理由は失望されたくないから。もっと自分を認めてほしいという渇望もあります。キングには情熱はしっかり伝わっているし、焦らなくても、あなたの頑張りを長期的に見守っていてくれそうな、安定感のある相手です。

相手：ペンタクルスのペイジ

あなたからみてペンタクルスのペイジは、そっけないけど飾らない、複雑ではない単純な人物にみえます。相手もあなたのことを子どもだと思っています。だからお互いまったく気を遣わずに付き合える相手。しかし、ちょっとしたきっかけで互いの幼稚さがぶつかると、修復が難しい亀裂が走りやすい関係であることを忘れないように。

相手：ペンタクルスのナイト

あなたに芽生え始めたばかりのヤル気を、冷ますようなことを言ってくる相手です。あなたに現実を突き付けたり、鋭い突っ込みを入れてきますが、言ってることは真っ当。相手はあなたを今のところは軽視していますが、真面目に実績を積んでゆけば、いつか認めてくれることもあるでしょう。

相手：ペンタクルスのクイーン

相手はあなたの話を何でも面白がって聞いてくれるので、ついついあなたは饒舌に語ってしまいがち。相手の静けさに不安になっているのなら、どうすればいいか素直にアドバイスを仰いでみましょう。率直で役に立つ助言をくれるでしょう。

相手：ペンタクルスのキング

あなたからみてペンタクルスのキングは、尊敬はできるけれど退屈な大人にみえるかもしれません。相手は、あなたのことを自由な発想をもつ面白い人物だが、経験不足で危なっかしいと考えているようです。素直に相手の懐に飛び込めば、役に立つことを教えてくれますが、あなたは今のところあまり相手にされていません。

相手：ソードのペイジ

あなたにとって、一緒にいるととにかく楽だし付き合いやすい相手。相手からみたあなたも、気さくに付き合える楽しい人物にみえるようです。お互いあまり気を遣わなくてすむし、ちょっとくらいぞんざいに扱っても大丈夫と感じることができる、幼馴染のような関係です。

相手：ソードのナイト

ソードのナイトの挑発に乗せられて、ついつい熱くなるあなた。相手はあなたのそんなところを引き出したくて、あれこれと痛いところを突いてきます。しかし相性は悪くないので、苦手な相手という印象ではなさそうですね。お互い、よい関係を保つには、あなたのほうにもう少しマメさと丁寧さが必要です。

相手：ソードのクイーン

あなたはソードのクイーンと一緒にいると、自分の良いところがどんどん引き出されるような気持ちになれそうですね。相手からみたあなたは多少幼稚な部分も否めないけれど、調子に乗せると面白いので、おだてたくなるといったところ。退屈すると連絡を入れてくるので、そのときはしっかりレスポンスを。

相手：ソードのキング

何をやってもソードのキングには、かなわないという印象を持っているかもしれませんが、相手も、あなたの純真な部分を尊敬しているようです。あまりベタベタとした関係にはならないけれど、必要なときにさりげない助言をくれるような、父子のような関係の2人です。

相手：カップのペイジ

あなたにとってカップのペイジの行動や言動は、いちいち気に障るかもしれません。ペイジが甘ったれているように感じたり、下から目線で自分が責められているように感じることも。相手からみたあなたもまた、わがままで子どもっぽい側面が目につくようです。それでも互いに気になる相性なので、なぜか接点は多めかも。

相手：カップのナイト

あなたにとってカップのナイトは、怖い相手にみえるかもしれません。痛いところを突いてくるし、嫌われているような気がするのです。相手からあなたは、子どもっぽくてわがままにみえがちですが、自由で素直な側面は一目置かれているはず。気に入ってもらうためには、努力して心を尽くす必要がありそうです。

相手：カップのクイーン

何でも聞き入れてくれる都合のよい相手のようにみえる、カップのクイーン。ついつい言いたい放題やりたい放題に振る舞ってしまった後は、なぜか罪悪感に見舞われることも。相手からみたあなたは、放っておけない存在のようですが、気まぐれに世話を焼きすぎて頼られるのも困ると感じているので、ほどほどの距離をとること。

相手：カップのキング

「この人には逆らえない」という印象を、カップのキングに抱きがちです。すべてを見透かされているような気持ち。しかし、相手からみたあなたは、見透かせるような存在ではなく、不可解な個性を持った存在に映っています。あなたの個性を活かせる方法を考えてくれているのかもしれません。

自分の位置にワンドのナイト

KNIGHT of WANDS.

相手に対する熱い思いを、何とかして伝えよう
と戦略を練っている状態です。何らかの方法で、
行動に移そうという意気込みが強いときに出る
カード。
湧き上がる情熱のすべてを相手に受け止めてほ
しいのです。積極性のピークですね。当たって
砕ける覚悟が決まったのかもしれません。

相手：ワンドのペイジ

このまま押せば、思いどお
りにできそうな相手にみえ
ているかもしれません。実
際相手は、あなたのことを
逆らえない先輩のような認
識でいるようです。相手の
弱い立場にあまりにも無理
解だと、相手のプライドを
傷つけてしまうので、少し
だけ思いやりを。

相手：ワンドのクイーン

あなたのことをヤル気にさ
せてくれる相手です。必ず
しも優しく能力を引き出し
てくれるわけではなく、時
には挑発的ですが、いずれ
にせよ、あなたはこの相手
といると頑張ってしまうで
しょう。ワンドのクイーン
は、あなたを育てがいのあ
る人だと感じているようで
す。

相手：ワンドのキング

それなりに緊張感を持って、
ワンドのキングと接しなけ
れば、火傷しそうです。あ
なたの存在は、相手の厳し
さを引き出してしまうよう
です。しかし、それは相手
があなたを見込んでの厳し
さ。期待に応えようと必死
で動いていると、想定以上
の力を発揮できるようにな
るでしょう。

相手：ペンタクルスのペイジ

あなたからみると相手は、
都合がいいし、使える「パ
シリ」のようにみえるかも
しれません。あなたが面倒
くさいと感じがちな雑用を、
相手は得意とするからです。
相手からみたあなたも、い
ろいろ思いついてくれるの
で、「ついていってもいいか
な」と感じる人。互いに礼
節を忘れなければ、それな
りにやっていけます。

相手：ペンタクルスのナイト

あなたにとって相手は、自
分のヤル気が盛り上がって
きたところで水を差す、煙
たい存在と思える場合もあ
りますが、相手は的確にあ
なたの盲点を見抜き、純粋
に指摘しているだけのよう
です。あなたのアイデアに
興奮しているからこそ、よ
り具体的な方向性を示して
ほしいのです。

相手：ペンタクルスのクイーン

あなたが必要としてくれる
ものを用立ててくれる、面
倒見の良い相手。食事を
おごってくれたり、面白いと
ころへ連れて行ってくれた
り。一方的に世話になる
のが悪いと感じるならば、あ
なたは相手を笑わせたり、
楽しませたりすることを考
えるとよいでしょう。それ
で利害はイーブンになりま
す。

相手：ペンタクルスのキング

あなたからみて相手の才能や地位は、尊敬に値するものの、もう熱の冷めた「過去の人」という印象があるかもしれません。では、相手はあなたのことをニューカマーと思っているかというと、そうでもなく、熱意はあるがまだまだ経験不足と感じているようです。一つひとつ結果を出して自分を証明していくしかなさそうですね。

相手：ソードのペイジ

あなたからみて相手は、軽薄で浮き足だった人物にみえるときがありそうです。相手はあなたのことを、熱血なところがカッコイイと尊敬しているものの、近づきすぎることに尻込みしています。あまりけしかけたり、叱咤激励せず、相手の取りたがる距離を尊重して、待ってあげることが大切です。

相手：ソードのナイト

よくも悪くも気になって仕方がない相手。ソードのナイトと組めば、何か大きなことができそうな気がしてワクワクするからです。人気者でつかまりにくい相手を自分のものにすることは難しいと感じているかもしれませんが、相手もあなたの存在にトキメキを感じているようです。自信を持ってよいでしょう。

相手：ソードのクイーン

一緒にいてとても楽しい相手。あなたらしさを存分に発揮したり、熱意を出しすぎても引かれることもなく、相手はしっかり受け止めてくれます。そんなあの人を独り占めできないことを、不安に感じるときもありそうですが、大丈夫です。相手もあなたのことを大変好ましく感じているようです。

相手：ソードのキング

あなたにとってソードのキングは、素直に尊敬できる存在。また、自分の良いところを最も見せたい相手でもあります。相手もあなたのことを好ましく思っていますが、客観的にみて、まだ未完成な部分も多いことを知っています。慌てず焦らず、良いところを出していきましょう。

相手：カップのペイジ

あなたにとってカップのペイジは、かわいい人ではありますが、関わると何かと面倒なことに巻き込まれがちな相手のようです。相手はあなたのことを少し怖がっていて、強引な人だと感じている可能性もあります。相手はあなたが思っている以上に、シャイでナイーブ。なかなか本心を出してきません。

相手：カップのナイト

ヒリヒリとした緊張感が漂う2人。あなたは繊細かつナイーブな感性を隠しもつ相手を察して、気を遣うのですが、少しでも気を抜くと相手から鋭い突っ込みが入り、嫌われているのか心配になるときも。相手はあなたと関わるかどうか迷っています。あなたと関わると傷つく、と防衛本能が警告を発しているからです。

相手：カップのクイーン

あなたからみたカップのクイーンは、とても優しい人物にみえるので、あれこれわがままが出てしまいがち。相手はあなたのことを、ギリギリまで許してはくれますが、あるとき突然気持ちが離れてしまう可能性も。ここは細心の注意を払いながら思いやりを持って、接することが大事です。

相手：カップのキング

あなたからみて相手は、取りつく島のないような存在に映るときがあるかもしれません。あなたにはない長所を持った人物だからです。相手はあなたのことが嫌いではないのですが、礼節を踏まえて経験を積んでから、出直してきてほしいくらいの厳しい目で、あなたのことをみている可能性があります。努力を要する相性ですね。

自分の位置にワンドのクイーン

今のあなたは、自信もあって魅力的で輝いています。有り余る「陽の気」を相手にも惜しげなく分け与えたいと感じているし、受け取ってほしいと願っているでしょう。相手との関係が、あなたを若々しく輝かせてくれることを知っているから、与えることが喜びになっているのです。

相手：ワンドのペイジ

あなたにとってワンドのペイジは、未熟だけれどもかわいい存在。かつての自分を見るような気持ちもあり、何くれとなく面倒をみてあげたいと感じるでしょう。しかし相手は、頼み方も知らないし、あなたのことを「そこにいてくれて当然」の存在という厚かましいとらえ方をしているようです。根気よく育てる必要がありそうです。

相手：ワンドのナイト

あなたにとってワンドのナイトは、とても付き合いやすい相手。普通の人なら尻込みするような、思いの丈をぶつけても、スマートに打ち返してくるし平然としているようにみえるでしょう。しかし相手はあなたの爆発的なエネルギーを実は必死で受けて立っているのです。せっかくフィーリングが合うのだから、ときには手加減を。

相手：ワンドのキング

あなたにとって、最高に付き合いやすい相手。大人の楽しみ方を知っているワンドのキングは、周囲からの注目度も高い存在でしょう。相手にとってもあなたは、一緒にいてしっくりくる人という認識。2人は息ぴったりの似たもの同士なので、しばらく会わなくてもすぐに打ち解けることができます。

相手：ペンタクルスのペイジ

あなたからみた相手は、自分の欲求を満たすことを優先するばかりで、配慮や思いやりに欠ける人にみえているかも。相手は、あなたと一緒にいると楽しいし、甘えれば面倒をみてくれる都合のよい存在です。利用されるのが嫌なら、最低限の礼節を守ってもらうことから、相手を教育していく必要がありそうです。

相手：ペンタクルスのナイト

相手は、あなたをときどき怒らせるようなことをするタイプですが、あなたからみると才能があると感じさせる何かがあります。相手はあなたのことを、自分のわがままを面白がって許してくれる都合のよい存在と、感じているかも。あなたの支配的な面が出すぎると、たちまち相手が気弱な態度になります。

相手：ペンタクルスのクイーン

あなたからみて相手は、自慢話が多少鼻に付くところはあるものの、一目置くに値する地位につく、あるいは能力を持っている人物のようにみえるでしょう。相手は、あなたのことをやはりライバル視している可能性大です。お互い何か良いことがあれば、真っ先に自慢したい相手、という関係。

相手：ペンタクルスのキング

あなたにとって、物理的メリットの多い付き合いですが、何となく相手の本心が見えなかったり、心が通じ合っているという確信を持てない相手です。相手は、あなたのことを魅力的な人物だと思っている一方で、真面目に付き合う気はない相手として、適当な距離をとっている可能性があります。

相手：ソードのペイジ

ソードのペイジは、愉快な話し相手。連絡もつきやすいし、気を遣わないで何でも話せる気軽なムードを持っています。場を盛り上げるための人数合わせなどに、どんどん呼び出して OK です。相手からみたあなたは、自分よりも大人で、楽しいことをいろいろ教えてくれる頼れる人のようで、良好な相性ですが、もう少しマメな連絡を。

相手：ソードのナイト

あなたにとって最高に息の合う相手。相手はあなたの欲しい情報や知りたいことをスピーディーに運んでくれるし、あなたは相手に不足している決断力やインスピレーションを与えることができます。受容と供給がぴったりの２人ですが、相手は意外と受け身です。あなたがリードして OK。

相手：ソードのクイーン

お互いに好印象を抱きあっていますが、気を遣いあう関係です。あなたからみたソードのクイーンは、理性的だし頭のよい人にみえるでしょう。相手はあなたのことを明るくて自信に満ちた人だと思っているでしょう。相手の期待に応えたい、いい格好をしたい、という気持ちが強くなり構えてしまいがちですが、会ってみればやはり気が合う！

相手：ソードのキング

あなたはソードのキングと一緒にいると、とても自然体でいられるし、自分の魅力を存分に発揮できる居心地のよさを感じるでしょう。相手は、あなたを気持ちよくさせる方法をよく知っているのです。相手がイニシアチブをとる関係ですが、あなたは大切にされているので、自信を失ってはいけません。

相手：カップのペイジ

あなたからみたカップのペイジは、異星人といったところでしょうか。まったく理解できない行動をとる相手ですが、なんだか気になる存在。相手からみたあなたは、いつも落ち着き払っていて、本心を見せることのない堂々とした存在。縁があって出会ったのでしょうけれど、乗り越えなければならない課題の多い関係です。

相手：カップのナイト

あなたは、最初は相手のことをあまり好きではなかったかもしれません。優しいけれど、チャラついていて、信用ならないムードをもつからです。だけど、どこかで気になる人。相手はあなたのことを軽視しているように振る舞いますが、逆にあなたを恐れている部分もあるのです。相互理解に努力を要する関係ですね。

相手：カップのクイーン

まったく違う個性をもつ２人ですが、互いに丁寧に接していると、深く相手を思いやることができる関係です。相手は、あなたのことをおだてて奉らないとへそを曲げてしまうと、気を遣い、あなたはあなたで、相手はプライドが高く、恨みを買いたくない人、と警戒してしまっているのでは？大事なのは互いに対する尊敬です。

相手：カップのキング

あなたにとってカップのキングは、とても気を遣う存在かもしれません。どこか父親のような感覚が、あなたに緊張を与えているのです。相手はあなたのことを魅力的な人物だとは思っていますが、深入りする気はなさそうです。あなたの子どもっぽい側面や自我の強さを警戒しているようです。

KING of WANDS

自分の位置にワンドのキング

今のあなたには、大きな影響力があります。対人面でも、ほとんどの相手に対してあなたがリードする立場でしょう。相手を意のままに動かしたいという支配欲と、それを支える行動力に恵まれた状態にあり、どうすれば相手が逆らわずにあなたに従うかを考えて動きたいときです。

相手：ワンドのペイジ

あなたからみてワンドのペイジは「チョロい相手」のようにみえるでしょう。自分が過去に通ってきた道やクリアした問題を進んでいるからです。相手は、あなたのことを先駆者として敬っていますが、あなたから多くを教わりすぎることを嫌がっています。自分の力で前へ進みたいからです。手出ししすぎず、根気よく見守って。

相手：ワンドのナイト

あなたの意図を正確にくんで、的確に動いてくれるワンドのナイトは、あなたにとってとても都合のよい相手です。息もぴったり合うし、過不足なく役に立つ人。相手からみたあなたは、その気にさせるのがうまいし、命令が的確なので付き合いやすい人物のようです。よきパートナーとしてさまざまなことにチャレンジできる相性です。

相手：ワンドのクイーン

ワンドのクイーンは、あなたのよき理解者であり、かゆいところに手が届くようなサポートをタイミングよく提供してくれるすばらしい相手です。相手からみたあなたは、ワンマンな面はあるものの、尊敬できる人物。相手の理解力に甘えすぎず、たまにはあなたがサービスするといいですね。

相手：ペンタクルスのペイジ

あなたにとって、ペンタクルスのペイジはその気になれば意のままに操れる相手だし、都合が悪くなったら切り捨てることもできる存在にみえます。相手はあなたのことを恐れていますし、何か頼まれれば断ってくることも基本的にはないでしょう。しかし、真の尊敬を勝ち得るためには、今のままの関係では難しそうです。

相手：ペンタクルスのナイト

あなたの精神論が通用しない相手です。イメージだけで突っ走ろうとすると、シビアな突っ込みを入れられるでしょう。相手はあなたの才能を形にしたい、具体的に手助けしたいと考えているだけなので、プライドを傷つけられた、バカにされたと早合点せずに、話し合うことができれば、よい関係を築くことができるでしょう。

相手：ペンタクルスのクイーン

あなたにとってペンタクルスのクイーンは、おせっかいと思える口出しをしてくる、ややうっとおしい相手かもしれません。相手からみたあなたは、独善的でワンマンな面が目立つが才能は認めているので、親切気分で口出しをしているだけでしょう。お互いに冷静になれば、生産的な関係にもなれます。

相手：ペンタクルスのキング

緊張感の高い相性です。あなたには自分のやり方に対する絶対的な自信があるのに、相手は相手で自分のやり方を人に押し付けてくる威圧感があり、1ミリもあなたに譲歩してくれそうにないように見えるかもしれません。あなたが考えているよりも相手はクールでドライなので、語気を荒げずに話せばあっさり譲歩しあえるかも。

相手：ソードのペイジ

あなたにとってソードのペイジは、使い勝手がよく、少しは役に立つ存在ですが、まだまだ未熟な部分も多々あるでしょう。相手は、あなたに逆らう勇気はありませんが、連絡が取れないこともしばしば。安定した関係になるには、相手がとりたい距離感を尊重して、そっとしておくことです。連絡を義務づけたりしないこと。

相手：ソードのナイト

あなたからみた相手は、とても能力の高いスマートな完璧人間にみえるときがあります。しかし相手は実は迷いやすく決断力に欠ける部分も多々あるようです。相手からみたあなたは、自信に満ちていて決断力もある、精神の支柱のような安定した存在にみえます。やりたいことをどんどん話して吉、のよい相性です。

相手：ソードのクイーン

あなたは、理知的でスマートで人気者の相手にメロメロかもしれません。あなたのことをよく理解し、気分よくさせてくれるソードのクイーンを独占したい気持ちになるでしょう。しかし相手はとても公平で、誰に対しても親切な人です。とはいえ、相手もあなたのことを特別好ましく感じています。相性最高の二人です。

相手：ソードのキング

あなたからみて、尊敬できる点がとても多いソードのキング。相手もあなたに一目置いていますから、相思相愛ですね。しかし、なぜか気軽に声をかけたり、一緒に行動するムードにはなりにくく、心のどこかでいつも相手を意識している、ほどよい距離の二人。お互い陰で相手を応援しているのです。

相手：カップのペイジ

あなたからみると、カップのペイジはかなりの甘ったれにみえるかも。不愉快になるというよりも、そんな相手をいっそ面白いと感じることもあるでしょう。相手からみたあなたは、かなり怖い存在。自分の事情などお構いなしに、何かを言い出すと逃れることはできないと感じているかも。お手柔らかに接してあげましょう。

相手：カップのナイト

あなたが善意でやったことに対して、思いがけぬ辛辣なリアクションを返してくるカップのナイトに、あなたは戸惑っているかもしれません。相手はあなたが想像もしないような繊細な本質を持っていますが、それを反抗することで隠そうとしています。気を遣いすぎるくらい遣って、とにかく優しく接してちょうどよい相手です。

相手：カップのクイーン

相手に対して、なぜかサディスティックな気持ちになりやすいあなた。カップのクイーンが困りそうなことをついつい言ってしまったり、頼んだり。相手は、あなたの申し出を断ることができないことがほとんどですが、もしも断ってきたら、相当は逃げ腰になっていると考えて、少しアプローチを緩めましょう。

相手：カップのキング

お互い相手に一目置いて、気を遣いあうのですが行き違いも多い2人。相手からみたあなたは立派で志の高い人物ですが、謙虚さが足りないようにみえることもあるようです。あなたからみた相手は、古臭いしがらみで身動きが取れない面倒くさい人のようにみえるかもしれません。今は適度な距離をとったほうが無難でしょう。

自分の位置にペンタクルスのペイジ

今のあなたは、人から多くのことを与えてもらう、受け身で未熟な立場にあるようです。基本的に、勤勉で謙虚ではありますが、損得勘定が働くと卑しい側面が顔を覗かせることも。芽生え始めたあなたの才能を理解してくれる相手には、どんどんなついてかわいがってもらいましょう。

相手：ペンタクルスのナイト

あなたが目指す多くのものをもつペンタクルスのナイト。憧れずにはいられない存在ですが、なついたからといっていつもかまってくれる相手ではなさそう。多くの相手とつかず離れずな付き合いを保つペンタクルスのナイトを独占するのは無理そうですが、懲りずに働きかければ意外と面倒をみてくれそう。信用できる相手。

相手：ペンタクルスのクイーン

上品で魅力的なペンタクルスのクイーン。そんな相手を独占するのは難しいと感じるかもしれませんが、相手はあなたのフレッシュな魅力を愛おしく感じている可能性大です。とっかかりさえつかめれば、相性バッチリな2人。あなたにしかできない創作物や、手作り品をプレゼントすると、相手の心をばっちり掴むことができるでしょう。

相手：ペンタクルスのキング

あなたからみて、怖くて近づきがたいムードのあるペンタクルスのキング。その気持ちが相手に対する尊敬からきていることが伝われば、関係はスムーズ。また、違いのわかる人間であることを知らしめることも効果的。相手の持ち物やチョイス、こだわりや趣味を、しっかり褒めると、お気に入りの座はあなたのものです。

相手：ワンドのペイジ

相手におかまいなしのマイペースな2人。考えていることや行動パターンはまったく違うけど、気を遣わなくていいし、たまにツボにハマると一緒にいて楽しい相性です。相手の自己主張の強さや幼稚さが出ると、あなたはたちまち冷やかな気持ちになりますが、実は相手もあなたのことを同じように子どもっぽいと感じるときがあるよう。

相手：ワンドのナイト

神出鬼没なワンドのナイトは、あなたをワクワクさせてくれます。想像力はたくましいけれど、あまり行動的とはいえない今のあなたに、展望と希望を与えてくれる存在として影響を与えている相手です。相手はあなたのことを、才能が発芽する可能性のある人物とみてそれなりに期待していますが、認められるには努力が必要。

相手：ワンドのクイーン

ワンドのクイーンは親切。沈みがちなあなたの心をいつも明るくしてくれ、そんな自分が賞賛されることを望んでいます。あなたが相手をうまく褒めることができれば、この人はいつでも力になってくれ、あなたのことを好ましく思うでしょう。あなたの中のシニカルな部分が顔を出して批判的な言葉が出ないように気を付けて。

相手：ワンドのキング

あなたはワンドのキングを高圧的な人だと感じるときがあるかも。もう少し穏やかに話してほしいと思うときもあるかもしれませんが、それは今のあなたのエネルギーがとても冷静でシニカルなモードだから。相手の態度に惑わされず、背後に隠された理想に燃える一途な本質を読み取る努力を。

相手：ソードのペイジ

あなたからみたソードのペイジは、口先ばかりで行動が伴わない頼りない人かも。相手の欠点が目につくことが多く、つい批判的な目でみてしまうことも。相手はあなたのことを欲張りで子どもっぽいと感じるときがあるようです。互いに未熟な部分を補いあう良好な関係になるためには、相手の立場になって行動する必要がありそう。

相手：ソードのナイト

ソードのナイトには油断は禁物です。あなたが気を許しすぎて吐露してしまった情報はたちまち彼（彼女）によって広められてしまったり、思いがけない相手の耳に入ったりしてしまうかもしれません。コミュニケーション能力が高いので、ついつい普段より饒舌に自分を語る前に、質問を質問で返すなど簡単な自衛手段をもつとよいでしょう。

相手：ソードのクイーン

かゆいところに手が届くようにあなたの小さな欲求を次々に満たしてくれるソードのクイーンですが、どこか信用しきれないとあなたは感じているかも。相手が自分にだけその気配りをしてくれているのではないという事実や、連絡してもつかまらないなどもあなたを不安にします。今のあなたに相手を独占することは難しそうです。

相手：ソードのキング

あなたからみて謎の多いソードのキング。相手は今のところ、あなたを重要視していないようですが、あなたの真面目さや小さな努力を積み重ねる性質は評価されるでしょう。ソードのキングは理想主義。気が合わない部分があっても、チャンスに対して努力する相手を見捨てることはありません。

相手：カップのペイジ

一緒にいて安らげる相手。お互いに気を遣う必要もなく、未熟な部分も補いあえる関係です。多くを語りあわなくてもフィーリングで何となく許しあえるので、相手に甘えてしまいがちですが、相手があなたに甘えてきたときも細かいことを言わなければそれでチャラになります。対人関係に疲れたら会いたくなる相手ですね。

相手：カップのナイト

あなたからみて、カッコイイ相手。カップのナイトは人望も高く、細やかな気遣いのできる大人のムードを持っています。彼（彼女）といると、あなたは自分が世間知らずでガキっぽいように感じるかもしれませんが、あまり気にしなくてよさそう。相手はあなたの律儀さや真面目な性質を貴重なものと感じてかわいがってくれるでしょう。

相手：カップのクイーン

カップのクイーンと一緒にいると、自分のすべてが受け入れられたような安心感をもつことができるでしょう。未熟な部分や至らない部分も含めて、付き合ってくれているからです。相手はあなたのことを、たくさんの可能性を秘めた原石のように感じているようです。あなたはそれに応えるべく努力を重ねるべきでしょう。

相手：カップのキング

カップのキングからは学ぶ点が多くあるでしょう。あなたに備わった良さを踏まえた上で、足りない部分を体現しているような人物だからです。それほど密接な関わりがなくても、少し接しただけであなたは自分に何が足りないのかが理解できるはず。相手はあなたを地道に努力できる人物として評価しています。期待に応える努力を。

KNIGHT of PENTACLES

自分の位置にペンタクルスのナイト

今のあなたは、相手と付き合うことで得られるメリットはないかをシビアに考えています。自分の得になりそうなことは、積極的にいただこうという割り切ったスタンスで人と付き合うので、今は自分にとって有利な距離を保てるドライな関係を好むでしょう。

相手：ペンタクルスのペイジ

あなたからペンタクルスのペイジに、期待できることはあまりなさそうですが、予想の範疇の中で期待どおりの成果をあげてくる安定感はあります。多くを期待しないやりとりの中では、とても付き合いやすい相手なのです。相手はあなたのことを尊敬しているようなので、この関係に遠慮は必要ありません。

相手：ペンタクルスのクイーン

需要と供給が一致しやすいので、気持ちよく付き合える相手です。あなたはできる範囲のことを無理なくこなしているだけで、相手はしっかり感謝してくれるし、きちんとお礼も弾むでしょう。ペンタクルスのクイーンからみたあなたは、技術を持っているし、何よりやりやすい相手という認識。息ぴったりの2人です。

相手：ペンタクルスのキング

あなたからみて、見習いたい特性を多く有するペンタクルスのキング。特定の分野でひとかどの地位を築き上げるために要した努力はもちろんですが、こだわりを保ち続けたことにも賞賛を送りたいでしょう。相手もあなたに、多くの可能性を見いだしているし、教えたいことがあるようです。どんどん吸収するとよいでしょう。

相手：ワンドのペイジ

付き合い方の工夫次第であなたにとってメリットのある相手。あなたが一番欲しいものは最低限提供してくれますが、ワンドのペイジに自主性を求めるのは難しそう。あなたが具体的にどうして欲しいかを伝えることで動いてくれる関係性がちょうどよいでしょう。あなたが指示を出すことに疲れなければ、なんとかなりそうな相手です。

相手：ワンドのナイト

ぶつかるときはぶつかる相性ですが、両者とも後腐れないからか不思議と決定的な断絶は生まない関係。ただし、よっぽどのことがないとベタベタ一緒に過ごす機会は持ちにくい相手なので、仲良くしたければ、相手をおだててサービスしたり、リードしたりせざるを得ないでしょう。しかも、見返りはあまり期待できそうにありません。

相手：ワンドのクイーン

無駄を嫌う今のあなたにとっては、何かとドラマチックで目立つワンドのクイーンは、扱いにくい人物のように感じるかも。しかし、オーバーアクションの影には誠実で面倒見のよい性質が隠されているので、需要と供給が一致すれば意気投合できる可能性があります。お互いが欲しいものは何かにフォーカスして、まずは与えてみて。

相手：ワンドのキング

コツさえつかめば比較的扱いやすい相手。節目節目で相手を誉め称えることを怠らなければ、何でもしてくれる頼りがいのあるワンドのキング。しかし、相手のワンマンな部分や支配的な性質が全面に出てくるときは、あなたはその姿勢を冷めた批判的な目でみてしまうでしょう。よい関係を続けたければそれを口に出さないこと。

相手：ソードのペイジ

あなたからみたソードのペイジは、身軽で人当たりのよい好人物ですが、口先ばかりで実質が伴わない面がある人にみえるときがあるでしょう。約束を取り付けてもそれを守ってくれるかどうか信用できない。相手はあなたと仲良くしたがっているかもしれませんが、対話以外の方法で人と信頼関係を結ぶ方法をあまり知らないようです。

相手：ソードのナイト

なかなかに刺激的な関係です。軽妙な会話を繰り広げながら相手の腹を互いに探るのですが、本心はみえません。それだけに、相手のことが気になるしライバルだと感じることも多いでしょう。仲良しともいえないし、安らぐ関係でもない。互いを刺激にして、自分を磨くことができる相手という認識くらいでいないと、火傷します。

相手：ソードのクイーン

ソードのクイーンはあなたの才能をよく褒めてくれるし、自信を持たせてくれる人物。しかし、あなたは相手のことをなぜか信用できません。誰にでもそのように接しているようにみえるし、あなただけが独占することは難しそうだからです。贈り物を贈ったところで手中に収まる気配はない相手なので、趣味を共有するなどの工夫を。

相手：ソードのキング

ソードのキングの人脈は、あなたにとってはとても魅力的にみえるのかも。今のあなたには実力に見合った交友関係が不足していると思うなら、なおさらソードのキングと近い関係になって周辺の人々ともつながりを持ちたいと感じるでしょう。贈り物を渡しても効果は期待できませんが、マメな連絡や密接な会話が効をなす相手です。

相手：カップのペイジ

あなたからみたカップのペイジは、まだまだ未熟な点が多々あるものの、人懐っこくて、素直なので憎めない点の多い相手でしょう。何事も完璧にこなそうと頑張りすぎてしまう今のあなたにとっては、肩肘を張らなくても付き合える貴重な存在です。この人の前では、素直な自分をさらけ出してもよさそうですね。

相手：カップのナイト

似ていない部分も多い２人ですが、なんだかんだで一緒に行動することが多い相性です。互いの恋愛相談などを聞きあっているうちに、相手の純真でかわいい側面がみえてきて、守ってあげたいと感じることも。今の２人は不安定な状態なので、雑にならず、思いやりを持って相手に接することでより情愛が深まるでしょう。

相手：カップのクイーン

とても相性のよい２人。カップのクイーンの細やかな気遣いや面倒見の良さと、あなたの具体的な行為で示せる力が合わさると、多くのことを成し遂げることができるでしょう。あなたは相手のイメージを形にできるし、あなたが形にしたものに、相手が心を通わせることができます。需要と供給が一致しやすい相手。

相手：カップのキング

カップのキングは、余計なことを言わずに行動できるあなたを高く買っているでしょう。あなたは、相手の人望や人柄を尊敬できるし、互いに多くを語らずとも息の合う相性といえるでしょう。この相手の前なら、本音を話しても大丈夫です。むしろ、相談事を持ちかけるくらいのほうが、より大切にされるコツかもしれません。

QUEEN of PENTACLES

自分の位置にペンタクルスのクイーン

今のあなたは、自分の持てるものの多くを他者に分け与えるだけの豊かさに満ちています。大地のような雄大さとあたたかさで慕ってくる相手を育もうとしますが、自然のもつ厳しさのように、無慈悲な部分も持ち合わせているようです。礼節を欠いた相手や約束を守らないような相手を、突き離すこともあるでしょう。

相手：ペンタクルスのペイジ

あなたが持てる技術や人生のノウハウを素直に学ぼうとするペンタクルスのペイジは、今のあなたにとって、とてもかわいい存在でしょう。自分に似ている部分も多いし、自分が失いかけていたフレッシュな気持ちを取り戻させてくれる相手と過ごすときは、楽しいはずです。多少の物足りなさはご愛嬌と割り切りましょう。

相手：ペンタクルスのナイト

とても息の合う２人。あなたにはない行動力や機敏さを持ったペンタクルスのナイト。あなたのやってほしいことや期待を、正確に察知して過不足なく叶えてくれる相手です。かといって与えられるばかりでもなく、あなたがやってあげられることも多いのが幸福な点です。この相手は大切にしましょう。

相手：ペンタクルスのキング

多くを語らずとも意志疎通がスムーズにとれる相性です。衣食住の好みなど、感覚的な部分での一致が多い相手なので、ついつい甘えが出てしまい、気遣いを怠ってしまいがちかもしれません。親しき仲にも礼儀ありを心がけて、誕生日などの節目には素敵なプレゼントを渡すなどの工夫で、ますます関係は深まります。

相手：ワンドのペイジ

まだまだ幼く、自己中心的な面の多々あるワンドのペイジですが、磨けば光りそうな才能の片鱗がみえることもあります。そこを褒めれば、それなりに役に立つ人物です。相手はあなたのことを自分よりもクールな大人だとみなして思いやることを忘れているので、無礼な振る舞いもありますが、いちいち真に受けないことです。

相手：ワンドのナイト

爆発的な行動力をもつワンドのナイトは、一度暴れだすとコントロールできないようにみえるので、あなたは関わり方を注意深く模索してるかも。あなたが支配欲を出して、頑なな態度を示すとたちまち反発されます。簡素な意思疎通を心がけて、相手の挑発的な態度を真に受けなければ、何とかやっていけそうな相性ではあります。

相手：ワンドのクイーン

なかなか緊張感の高い組み合わせ。今のあなたは、ひとかどの立場になるまで積み重ねてきた自分の経験やキャリアに自信があり、相手も同じように自分のやり方に確固たる自信があります。その点では共通しているのですが、アプローチがまったく違うので譲りあうことが難しく、尊敬の心と気遣いを決して忘れてはいけない相性です。

相手：ワンドのキング

長年連れ添った夫婦のようでもあり、幾年にもわたる宿敵のようでもある相性。どちらもストレートに自分の欲求を伝えることに躊躇がないので、気を遣わずに意志疎通できますが、話題が広がったり、遊び心が刺激されることはめったになさそうです。2人とも自分のペースが乱されることが大嫌いなのです。歩み寄りが難しい組み合わせ。

相手：ソードのペイジ

あなたからみて未熟で頼りないソードのペイジですが、謙虚で人懐っこい性質は、かわいいものです。言葉に実質が伴うにはまだ時間はかかりそうですが、あなたへの感謝の言葉や態度があるならば、それは信じて大丈夫そうです。冷たく接するとすぐにめげてしまう相手なので、マメな声掛けを。放置するとどこかへ行ってしまいます。

相手：ソードのナイト

あなたからみたソードのナイトはズケズケ物を言う遠慮のない人物かも。しかし、そういった態度とは裏腹にガラスのハートの持ち主です。あなたがストレートに伝えた何気ない要求やダメ出しに、心を閉ざしてしまう可能性があるので注意が必要。相手の距離の取り方にトーンを合わせて、干渉しすぎないこと。

相手：ソードのクイーン

あなたとは別の意味での厳しさと優しさを有するソードのクイーン。相互理解はなかなか難しい相性ですが、2人の成長レベルが一致していれば、深い尊敬でつながることができます。ただしその場合でも、あまり多くの時間を一緒に過ごすと、どこかヒリヒリ互いを傷つけてしまうことも。適切な距離を保った付き合いを。

相手：ソードのキング

あなたにとっては少し怖い感じのする相手。ソードのキングは多くの人脈を持ち、その一つひとつとそれなりに密接な関係を築いているようにみえるので、敵には回したくないと感じるでしょう。しかし献上品や褒め言葉を贈ったところで、ほだされる相手でもなさそうです。まずは軽い相談事を持ちかけて糸口を掴むのが近道かも。

相手：カップのペイジ

あなたの誠意がしっかり伝わる相手です。カップのペイジは新鮮な気持ちであなたに興味を持っていて、仲良くなりたいと思っているようですが、自分に自信がないのでどのようにあなたに接してよいのか迷っているようです。最初に少しだけあなたがリードしてあげれば、あとはすんなり、なついてくるでしょう。

相手：カップのナイト

基本的に相性のよい組み合わせですが、あなたからみたカップのナイトは不安定すぎて心配になることも。少し会わない間に言っていることが180度変わったり、気分の上がり下がりも気になるでしょう。しかし、心のケアを怠らずに相手をしっかりサポートしてあげれば、あなたの言うことを何でも聞いてくれる貴重な相手です。

相手：カップのクイーン

深い思いやりによってつながれる可能性をもつ相性です。互いに対する気遣いと思いやりを忘れてはいけない対等な関係ですが、それさえきちんと守って節度ある付き合いを続けると、関係が長期的になればなるほどしっくりと2人は馴染んでいきます。そして互いの欠点を補いあいながら、親睦を深めることができるでしょう。

相手：カップのキング

あなたが殺伐とした気分になったり、落ち込んだときに心を潤してくれるカップのキング。普段はそれほど頻繁に会わなくても、ピンチのときには自然に手を差し伸べてくれるような、大きな優しさをもつ相手です。都合の良いときにだけ頼っても、悪いと遠慮せずに連絡をとって吉です。相手はあなたの役に立ちたがっているようです。

自分の位置にペンタクルスのキング

KING of PENTACLES.

自分がこだわりを持って携わってきた分野で、ひとかどの王国を築き上げた自負のある今のあなたは、自信に満ちています。名実ともにある種の高みにある今、周囲の人を意のままに動かしたいという気持ちも強いし、味方にはありったけの褒美を与える準備もあります。ただし、逆らう相手には容赦しないでしょう。

相手：ペンタクルスのペイジ

敵か味方かでいうと、完全に味方の部類になるペンタクルスのペイジですが、今は役に立つ動き方を心得ておらず、ヘマをやらかすことも多い相手です。しかし、相手があなたの逆鱗に触れるようなことは、まずないでしょう。気長にあたたかい姿勢で、相手の成長を待って吉です。

相手：ペンタクルスのナイト

何をやらせてもそつなくこなす有能なペンタクルスのナイト。機転が効いて行動力もあるし、雑ではない。しかし多少トリッキーで不安定な性質もあるように、あなたからは見えるかもしれません。確かに今のあなたほどの安定感はないかもしれませんが、それゆえに利害がぶつかったり敵対することもなく仲良くやっていける貴重な存在です。

相手：ペンタクルスのクイーン

一緒にいてとても安らげる相手。気を遣わなくても心が伝わるし、あなたの野望を理解して具体的に手を貸してくれる有能なパートナーになれる可能性をもつ相性です。しかし、2人ともクールなので、親睦を深める機会は少なくなりがち。ペンタクルスのクイーンは、食事を共にする機会を増やすことが最も効果的な相手です。

相手：ワンドのペイジ

あなたからみて、一緒にいるメリットはあまりないようにみえるワンドのペイジ。しかし、相手のヤル気や元気は伝わってくるので、それを買って成長することを期待するという関わり方ならアリですね。相手はあなたの立場や能力に純粋な憧れを抱いているし、あなたと一緒にいることで自分の立場も高められると感じているようです。

相手：ワンドのナイト

ワンドのナイトには自由奔放な行動力があるので侮れず、何とか自分の手中に収めようとするのですが、それは難しいことです。誰にも従属しない相手だからです。相手はあなたのことをお堅くて支配的な人物だと感じている一方であなたのもつ確かな技術や才能には一目置くでしょう。偏見のない付き合いを心がけるとよいでしょう。

相手：ワンドのクイーン

明朗さと自信に満ちたワンドのクイーンは、あなたからみて魅力的にみえるかもしれませんが扱いやすい相手ではなさそう。相手は誰の命令にも従わない自分の直観を信じるタイプ。相手からみたあなたは、尊敬できるし才能はあるけど気難しい人物といったところでしょうか。思いを伝えるならストレートさと素直さが功を奏します。

相手：ワンドのキング

ひとたび利害がぶつかると、激しい権力の奪いあいになるかもしれない相手。一触即発のムードはあるものの、互いに他者と深入りするタイプではなく、クールな距離を好むため、現実には直接対決はめったに起こらないでしょう。恋愛対象の場合は、強烈に惹かれあうが互いのプライドが邪魔してとっかかりを掴みにくそう。

相手：ソードのペイジ

あなたからみたソードのペイジは、知恵は働くが、心の強さが足りないと感じるかもしれません。率直にこちらの意志を伝えると、すぐに傷つく神経質な面も気になります。相手はあなたを恐れている面もありますが、勤勉な性質があるので、あなたから学べることが多いことはわかっているようです。言葉や表現を和らげる工夫を。

相手：ソードのナイト

交友関係が広い上に情報屋で、あちこち出入りするソードのナイトは、味方に付ければ最高ですが敵に回したくない相手。あなたに関するゴシップを流されてしまうのではないかと疑心暗鬼になることもあるかもしれません。ソードのナイトは自由人。相手をコントロールしようとする心を捨てることが大事です。

相手：ソードのクイーン

口下手なあなたの望みを、うまく察して気の利いたことをしてくれるソードのクイーン。相手を独占できればいいのですが、この人は誰に対しても等しく親切なようにみえます。そんな相手に心を許す気持ちにはなれないかもしれませんが、結局は翻弄され気味な、力関係です。相手次第に任せたほうが楽かも。

相手：ソードのキング

緊張感の高い組み合わせ。自分のやり方に信念と自信を持っているという点では似たもの同士ですが、方法論がまったく違うので互いの行動がいちいち心に引っ掛かりかねません。かといって、その場で抗議するような気安いムードではないので、じっくり観察あっては自分の考えを再認識させてくれる、学びの相性。

相手：カップのペイジ

あなたからみたカップのペイジは、素直で心が柔らかいし、人懐っこいかわいい存在でしょう。今のあなたは緊張感を持って、自分のテリトリーを守ったり社会と戦って疲れているので、まったく気を遣わなくてもいいカップのペイジのような存在は貴重です。相手の未熟さや経験の浅さは、ご愛嬌だと割り切るべきです。

相手：カップのナイト

あなたの「こうしたい」という気持ちを正確に理解して迅速に動いてくれるカップのナイト。少しの間一緒に過ごしただけでも相手に依存してしまいそうな包容力を感じるでしょう。相手もあなたのことを目的が明確なので手伝いやすい、付き合いやすい人だと感じているよう。2人が組めば周囲に対する影響力も大きくなるでしょう。

相手：カップのクイーン

相性抜群の2人。カップのクイーンは、あなたの疲れた心身をたちどころに癒してくれる存在です。相手もあなたのことを才能に溢れた頼れる存在として、とても好ましく思っている可能性大です。ただ、どちらも受け身で、来る者拒まずな姿勢だと、関係性がなかなか進展しません。あなたがリードして吉の相性です。

相手：カップのキング

礼節をわきまえて、相手を尊敬しながら付き合うことができれば、なかなか良い相性。出会ってしばらくは、どちらがイニシアチブをとるかで多少ピリピリする感じはあるかもしれませんが、それを乗り越えて互いを認めあったあとは、安定感のある付き合いを続けることができる2人です。節目節目にプレゼントを贈るような工夫が吉。

自分の位置にソードのペイジ

PACE of SWORDS.

今のあなたは、好奇心でいっぱい。相手のことを少しでも知りたくて、対話の機会を待っています。しかし、具体的に、どのようにして相手を惹きつけてよいのかまだ模索中。また、自分の知識やノウハウに自信がないため、相手のことだけではなくその周辺の情報集めにも余念がありません。

相手：ソードのナイト

あなたからみたソードのナイトは、見習うべき点を多くもつ存在です。また、頑張ればいつか自分も到達できそうな境地を切り開いている人、という印象も。相手からみたあなたも、かつての自分を見るようなフレッシュな存在にみえるでしょう。相手に対する敬意を忘れず付き合っていれば、息の合う2人になれそうです。

相手：ソードのクイーン

一緒にいてとても居心地のよい相手。話題も尽きないし、いつまでも一緒にいたいという気持ちにさせてくれます。相手はあなたのことをかわいい人だと感じていて、よく面倒をみてくれますが、関係性としてはあなたが相手に甘えすぎになりがちな相性です。ときどきでよいので、あなたのほうからの気遣いも忘れないように。

相手：ソードのキング

あなたからみて偉大な人物にみえるソードのキング。今は手の届かない存在にみえるかもしれませんが、あの人は、あなたが努力を重ねた末に到達する人物像のような存在かも。つまり、あなたが理想を投影している相手ですね。ですから、あまり生身の存在として深入りするよりも、学ぶべき姿勢を吸収できる距離感がベストです。

相手：ワンドのペイジ

相手のことが知りたいあなたと、自分のことを知ってほしい相手なので、需要と供給があっています。とはいえ、お互いに幼い部分が多々あるようで、ときには相手の欠点が鼻につくこともあるでしょう。2人は今、大変息が合っている状態なので、一緒にいて楽しいときが過ごせるでしょう。

相手：ワンドのナイト

あなたからみて、カッコいい要素をたくさん持っているワンドのナイト。声をかけても相手にしてくれないかと思ったら、意外に気さくにかまってくれるときも。とはいえ、予測できない動きの多い相手ですから、気を遣って遠慮してしまいがち。相手はあなたのことを好ましく感じているようなので、もう少しリラックスして大丈夫。

相手：ワンドのクイーン

相性バッチリの2人。ワンドのクイーンはあなたの好奇心を満たしながら、取り留めのない話に耳を傾けてくれます。誠実に返事もくれますが、向こうから連絡が来ることは少ないかも。相手はあなたのことを好ましく感じているので、下手に我慢して相手の連絡を待たず、あなたのペースで素直に連絡をとってOKです。

相手：ワンドのキング

あなたからみて相手は、安定感があるし、信頼できる人格者にみえるでしょう。相手もあなたのことを、付き合いやすいフレンドリーな人だと感じているようです。立場的にあなたのほうが弱く、逆らえないムードもあるかもしれませんが、そのような力関係が２人にとって居心地がよいはずです。

相手：ペンタクルスのペイジ

あなたからみて、話していてあまり面白い相手ではありません。でも、それなりに実力はあるし、あなたにはない才能を持っているようにみえるでしょう。相手はあなたのことをおしゃべりな情報屋だと思って、少し警戒をしています。互いの子どもっぽさが出すぎるとうまくいかないので、大人な振る舞いを心がけて。

相手：ペンタクルスのナイト

不言実行の相手と口先ばかりになりがちなあなた。相手の行動力には一目置いてはいますが、報告を怠りがちな点や知ったかぶりをされるような点は、あなたにとって苦手かもしれません。相手はあなたに、多少軽薄なイメージを今のところ持っています。それを回避するには、不言実行を心がけることです。

相手：ペンタクルスのクイーン

あなたにとってペンタクルスのクイーンは、頼れる相手ではありますが、好奇心を満たす前に要求を満たしてしまうようなところがあります。買うかどうかを決めかねて、情報が欲しいのに商品を渡されるといった「やり過ぎ」感です。ちょうどよい距離を測りながら、お互いに工夫すれば今よりは接近できそうです。

相手：ペンタクルスのキング

あなたからみて、相手は取りつく島のないタイプで、接近するためのとっかかりをつくるのが難しいと感じるかもしれません。相手からみたあなたは、まだまだ経験不足だとみなされているかも。信頼関係を築くには、時間を要しそうです。一つひとつ実績を積んで、相手の信用を勝ち得ることです。

相手：カップのペイジ

互いに相手の欠点が目につきやすい相性かもしれません。仲良くしたいという気持ちがあっても、自分のほうから歩み寄るのが嫌だったり、相手の愛情が気になったりで、なかなか距離は縮まりません。どちらかが大人になってリードしないと、このままの状況が続きがち。あなたが声をかけてみると、意外と嬉しそうな相手に安心できるかも。

相手：カップのナイト

あなたにとってカップのナイトは、少し馴れ馴れしすぎると感じることがありそうです。気持ちを押し付けられることにもプレッシャーを感じているかも。相手からみたあなたは、一貫性がなく不安定。信用していいのかどうか計りかねた結果、いろいろと試すような言動を投げかけてきます。気持ちを安定させる努力を。

相手：カップのクイーン

面倒見がよく、あれこれと世話を焼いてくれるカップのクイーン。相手はあなたの頼みごとを断ることはまずないでしょう。だからといって、安心してよいわけではない相性なのが難しいところです。カップのクイーンにとっては、当たり前の優しさを「好意」だと勘違いしてはいけません。優しさの中の厳しさを組み取りましょう。

相手：カップのキング

あなたにとっては、とっつきにくい相手がカップのキング。相手はあなたのことを嫌っているわけではありませんが、対人面での未熟さや心の弱さを嗅ぎ取って、あなたが成長するのを待っているのかも。傷つくことを恐れて自己防衛から軽薄に振る舞うなど、この相手には通用しません。素直さを大事に。

自分の位置にソードのナイト

KNIGHT of SWORDS.

今のあなたは人気も高く、交友関係が広がりを持っているため、対人面で積極的に振る舞うことができます。人の心を鋭く見抜き、言葉巧みに相手に取り入る術を知っているのです。そんなあなたにほとんどの人が魅了されますが、中には真意のわかりにくい人物もいるでしょう。それすら乗り越えてやろうと意気込みのあるときです。

相手：ソードのペイジ

あなたからみて、とても扱いやすい相手です。連絡もつきやすいし、何より気を遣わなくてもいい。相手はあなたのことを尊敬していますし、一緒にいて、利害が一致するようです。キャラが多少かぶっているせいか、ときどきいじわるなことを言いたくなるかもしれませんが、すぐに元の仲良しに戻れます。

相手：ソードのクイーン

相性抜群の２人ですが、気がつくとしばらく音沙汰がなかったり、会う機会を逃すことも。でも大丈夫。ときや距離の隔たりがあっても、いつでも自然に穴埋めできる相性です。ソードのクイーンは静かではあるけれど、深い愛情であなたのことを見守ってくれています。あなたはそれに甘えてOKと出ています。

相手：ソードのキング

あなたからみて、見習いたい点や尊敬できる面の多いソードのキング。会うたびに充実した時間を過ごせるし、相手から多くを学ぶことができるでしょう。ただ、それほど頻繁に会ったり、濃密な関係をもつようなムードでもなく、遠慮しあいながらある程度の距離を保つことで、ベストな関係を築くことができる相性です。

相手：ワンドのペイジ

荒削りではありますが、才能の片鱗が見え隠れする相手にあなたは惹かれることでしょう。しかし、相手は子どもっぽく礼儀知らずな点も多々あり、あなたのように卓越した対人スキルを持っていません。つい、いじわるな言動で相手を戒めたくなることもありそうですが、（相手の）成長を待ちましょう。

相手：ワンドのナイト

一緒にいてとても刺激になる相手が、ワンドのナイトです。趣味があいすぎて、利害がぶつかることもありそうですが、ライバル的存在として互いを強く意識しあうことでしょう。相手は、あなたのスマートなスキルや知性に驚いているし、あなたは相手のアイデアや行動力を尊敬できるでしょう。生産的な関係です。

相手：ワンドのクイーン

あなたからみて、ワンドのクイーンはとても魅力的。少ない会話の中でも的を射た発言とセンスが光る行動をキメてくる相手に、あなたは敬意を払わずにはいられないでしょう。相手もあなたのことをとても好ましく思っているので、安心して何でも話して大丈夫。基本的に相手の仰せのままに動いてよいでしょう。

相手：ワンドのキング

ワンドのキングを前にすると、あなたは自分の未熟な面を素直に認める気になるでしょう。相手は多くを語らずして、あなたにさまざまなことを教えてくれます。対人面では卓越したスキルを発揮できるあなたに、一人でいることの大切さや孤独を乗り越えた後の栄光を、垣間見せてくれる存在かもしれません。

相手：ペンタクルスのペイジ

あなたからみてペンタクルスのペイジは、周囲と歩調があわないマイペース人間だし、人に対する配慮が足りない点が気になって、気持ちのよい関係を築くことが難しい相手かも。相手はあなたのことを頭の良い人だとは思っていますが、やはり自分とはあわないと感じている可能性大。まだまだ歩み寄りが必要な相性です。

相手：ペンタクルスのナイト

とても気になる相手ですが、2人の間には緊張感があり、なかなか打ち解けることができないと感じているかも。相手は純粋に人の役に立つことを望んでいるので、何か頼みごとをするなど、弱みを見せることで接近するきっかけが掴めるかもしれません。お互い完璧であろうとしすぎないことです。

相手：ペンタクルスのクイーン

あなたにとってペンタクルスのクイーンは、めんどくさいことを持ちかける重たい存在に映るときもあります。確かに相手はあなたのような軽やかさは持ち併せていないけれど、極めて現実的でドライな性質を持っているよう。あなたの未熟さを指摘したくて苦言を呈しているのではなく、純粋な動機で口出しをしてきたと割り切って。

相手：ペンタクルスのキング

ペンタクルスのキングは、融通の利かない、気難しそうな人物にみえるかもしれません。気軽な場所へ誘うわけにもいかず、相手を満足させる方法に悩むでしょう。下手に動いて失望されても面倒なので、デートの場所やグレードは相手に任せたほうが無難。連絡係とデート中の会話の運びは、あなたが担当すればスムーズ。

相手：カップのペイジ

よくいえば素直、悪くいえば感情むき出しのカップのペイジに、驚きの気持ちを禁じ得ないあなた。こんな奴に振り回されたくない！と距離を置きますが、相手のペースに巻き込まれていることも。その場合、あなたは損害を受ける側ではありますが、相手が年下の場合は、何とか許せそうです。

相手：カップのナイト

理性と感性のぶつかり合いの相性。理知的で客観的な視点で物事をとらえようとするあなたと、直観とインスピレーションで動く相手。お互いにいちいち、引っかかってしまう場面も多いのですが、お互いが大人なら、尊敬しあえる関係にもなれそうです。相手のペースに飲み込まれてしまうと、あなたは傷ついてしまうかも。

相手：カップのクイーン

カップのクイーンの懐の深さと、面倒見の良さにあなたは戸惑いつつも甘えてしまう状態です。それに釣りあうほどのお返しなどできない、と思ってしまうかもしれませんが、相手はあなたからのお返しを求めているわけではなさそうです。相手を思いやる言葉や褒め称える言葉、慰める言葉があなたにできるお礼です。

相手：カップのキング

カップのキングは人情家で仁義を重んじるタイプ。どちらかといえば八方美人なスタンスで幅広く人付き合いを広げるあなたからみると、扱いにくい怖い人かもしれません。付き合うならガッツリ懐に飛び込まなければいけないのは理解できても、そうすることで多くのエネルギーと時間を相手に捧げるはめになりそうです。

自分の位置にソードのクイーン

聞き役に回りやすい今のあなたは、理解力と包容力が高く、公平なスタンスで誰とでも付き合える達観した立場です。それだけに、相反する性質をもつ人の間でどちらの意見も聞かされて悩んだり、仲裁を迫られるようなこともあるでしょう。相手の立場になって深く考えることができる、今のあなたに信頼を寄せる人は多いです。

相手：ソードのペイジ

あなたからみてソードのペイジは、扱いやすいし、かわいげのある人ですが、頼りなく感じる部分も多々あるため、肝心なときにあてにすることはできません。うまく相手をコントロールするには、こまめに連絡を取り合い、その都度軌道修正しながら、あなたの考えに染めてゆくのが最も効率的でしょう。

相手：ソードのナイト

とても居心地のよい相手です。ソードのナイトは、あなたを巧みな話術で、いつだって楽しませてくれます。めったに誰かに肩入れすることのないあなたも、さすがにソードのナイトは特別扱いしたくなるでしょう。互いをよく理解できるし、思いやりも素直に通じるので、疲れることもなくツーカーの仲でいられる相性です。

相手：ソードのキング

多くを語らずとも、互いの真意が通じやすい相性。会う回数も少なくて大丈夫だし、気を遣わなくても深い部分で敬意を忘れないでいられる貴重な存在です。相手はあなたのことを、自分を唯一理解してくれる存在として、本当に困ったときなどに心を開いてくるでしょう。そのときは迷わず味方してあげて吉です。

相手：ワンドのペイジ

あなたはワンドのペイジの素直さや子どもっぽさに戸惑うと同時に、安らぎを感じるでしょう。ちょっと褒めただけですっかり有頂天になるワンドのペイジは、ある意味扱いやすい相手ではありますが、対等な関係やパートナーとしては物足りないし、頼りになりません。今は、都合よく相手をあしらうのがちょうどよい関係かも。

相手：ワンドのナイト

目的が明確で、それに向かって働きかけるワンドのナイトに、あなたは居心地の良さを感じるでしょう。やりたいことが明確な人には何を与えていいかがわかりやすいからです。また、何かと迷いやすく、決断できないあなたに、明確な指針を与えてくれるのもこの相手です。あなたが受け身でいられる貴重な相性です。

相手：ワンドのクイーン

一緒にいて盛り上がる相性ですが、親しき仲にも礼儀を忘れてはいけない相手です。お互いに自分のやり方に自信もプライドもありますから、意見の相違を楽しめればよいですが、どちらかが正しいと考えるとたちまち緊張が走るでしょう。まったく違うようで、似た部分の多い2人。相手は褒め言葉に弱いので、関係修復は褒めまくりで。

相手：ワンドのキング

ワンマンで、自分の思いどおりに周囲を従わせようとするワンドのキング。それでもあなたにとっては、扱いやすい相手といえるから不思議です。あなたの思慮深い助言には、素直に耳を傾けるような側面もワンドのキングは持っています。あなたの頼みごとを聞き入れてくれる場面も多いでしょう。夫婦のような相性の2人です。

相手：ペンタクルスのペイジ

あなたからみたペンタクルスのペイジは、単純で自分の欲望に忠実にみえるので、扱いやすさを感じるでしょう。何が欲しいかがわかっている相手を手伝うことは容易だからです。反面、相手と付き合うことによる、あなたにとってのメリットは少ないでしょう。相手には他者に配慮するという、当たり前のことが難しいようです。

相手：ペンタクルスのナイト

あなたからみたペンタクルスのナイトは、欲望のままに行動するわがまま人間かもしれません。しかも、その不公平さを指摘したところで聞き入れてくれる様子もなく、手に負えないと感じることも。しかし、相手は意外にあなたの影響力を恐れています。その場では反論されたことも、翌日には悔い改められていることも。

相手：ペンタクルスのクイーン

素直に自分の欲求を満たし続けるペンタクルスのクイーン。周囲に配慮してばかりの今のあなたからみると、言いたいことはたくさんあるでしょう。でも、不意を突くように高価なプレゼントやご馳走を振る舞ってくれるなどのもてなしを受けたり、相手の気前の良さを目の当たりにして、あなたは自分の主張を引っ込めてしまうかも。

相手：ペンタクルスのキング

厳格で静かに自分のやり方を通そうとする、ペンタクルスのキングの扱いは難しいのですが、あなたの助言には耳を傾けようという姿勢を示す相手です。ただそれを聞き入れるかというと、決してペースを崩さず自分のやり方を曲げません。相手の考えを変えるのは無理なので、ギブ＆テイクのバランスを考えて妥協点の提案を。

相手：カップのペイジ

相手のあまりに繊細な性質に、腫れ物に触るように接するあなた。とても気を遣っているのに、カップのペイジは被害者意識を持ちやすいようです。自身の傷への敏感さが、周囲を傷つけていることに、無頓着になっているのでしょう。それを指摘したところで、相手は心を閉ざしてしまいそうなので、まずは十分に甘えさせてあげるしかなさそう。

相手：カップのナイト

巧みに人の心を翻弄するカップのナイト。平常心でいたいあなたにとっては、心掻き乱される存在です。相手のペースにのまれまいと予防線を張ったり、あらかじめ伝えることを整理しておいたりすると、予想外な反応をされて、かえってペースが崩されます。カップのナイトとは、本音で付き合うしかなさそうです。取り繕いすぎないこと。

相手：カップのクイーン

誠実で辛抱強い優しさを醸し出すカップのクイーンは、あなたにとっては侮れない相手という印象でしょうか。どちらかというと八方美人で、分け隔てなく人と付き合いたいあなたにとって、カップのクイーンの存在は少し重いかもしれません。相手が求めるだけの深くて密接な関係を、今のあなたが十分与えることは難しいからです。

相手：カップのキング

物静かで包容力のあるカップのキングは、あなたにとって頼れる存在であると同時に、情報を引き出しにくい相手でもあります。相手の本心がわからないまま、探りを入れるのですが、わかりやすい返事は返ってこないでしょう。相手をよく知ることで、手中に収めようとせず、ふわっとした距離感を保つしかなさそうです。

自分の位置にソードのキング

人望が高いときです。多くの人のプライベートな事情や話題に精通し、対人面で抱える責任は大きいでしょう。それでも、それらをうまく裁けるくらいの世相を読み切るスキルを発揮できているのが今のあなたです。それだけにストレスを抱えているのですが、弱音を吐くような心理状態にはなりにくく、常にフル稼働で知恵を絞るでしょう。

相手：ソードのペイジ

あなたにとっては扱いやすい部類に入る相手ではありますが、未熟さや幼さが目につきやすく、いじわるな態度をとってしまうこともあるかもしれません。「話せばわかる」という最低ラインは、きちんとクリアしてくる相手なので、あなたのほうが、大らかな気持ちで接することができるうちは、継続的に良好な関係を築けるでしょう。

相手：ソードのナイト

あなたに有効な情報を持っているし、身軽に動いてくれるソードのナイトは、一緒にいて気持ちのよい相手といえるでしょう。相手はあなたのことを、見習いたい点を多くもつ、尊敬できる人物だと思っているようなので、ひとたび意気投合したら、2人で多くのことを成し遂げることができる良い相性です。

相手：ソードのクイーン

あなたからみて、好ましい特性を多く有するソードのクイーン。察しがよく、みなまで語らずとも、かゆいところに手が届くような配慮ができる相手です。相手からみても、あなたになら、うまく役に立つことができるので尽くしがいがあり、一緒にいて気分のよい人でしょう。ときとともに、自然と距離が縮まってゆく相性です。

相手：ワンドのペイジ

あなたにとってワンドのペイジの幼さは、楽しめる種類のものでしょう。相手の純粋なヤル気に、さまざまな可能性を感じるので、温かく見守りながら成長を待つことができます。ただし、それはワンドのペイジがあなたを尊重してくれているからのことで、軽んじられたり、生意気な態度をとられると一気に気持ちが冷めてしまいそう。

相手：ワンドのナイト

ワンドのナイトのパワフルな行動力には拍手を送りたいあなたですが、粗野で乱暴な性質が見え隠れするときは閉口ぎみ。相手はあなたに対して安定した態度をとるわけではなく、ときにはいじわるな表情もみせるので、完全には気を許せないものの、相性はかなり良いほう。遠慮せずにあなたが指図する立場に回れば関係が良好に保てます。

相手：ワンドのクイーン

息ぴったりの2人。ユーモアがあっていつも自信に満ちているワンドのクイーンと一緒にいると、日常の悩みから解放され、楽しいときが過ごせます。問題はこの相手と「親密」になるのは少し難しいところでしょうか。人の悪口を言うタイプでもないし、筆まめでもない相手との距離を縮めるには、あなたにもう少し強引さが必要。

相手：ワンドのキング

根本的には良い相性なのですが、互いのプライドが邪魔してなかなか距離が縮まらない関係でもあります。あなたにとって、下手に出ることは大した問題ではないと思うかもしれませんが、いつも連絡を取るのがあなたからとなると、相手の愛情に疑問がわいてしまうことも。我慢比べになる前に、できるだけ距離感を縮めて。

相手：ペンタクルスのペイジ

あなたからみて、真面目に取り合う必要のない、幼稚な価値観で一喜一憂しているかのようにみえるペンタクルスのペイジ。相手はあなたの思慮深さに安心して自分の要求を優先にすることがほとんどで、あなたに対する配慮はあまり期待できません。関係を続けたいのなら、不当だと思える態度はスルーしてやり過ごすことです。

相手：ペンタクルスのナイト

お互いの思惑が空回りしがちな相性。相手がうまく立ち回っているつもりの場合も、あなたにとっては見え透いた計算高さにしか見えないので、相手のペースに乗ることは難しいでしょう。相手も、あなたの思慮深さをただのお人よしと解釈して、敬意を払わないことが多いのです。今は距離をとったほうが、ベターな組み合わせかも。

相手：ペンタクルスのクイーン

悪くない相性ですが、あなたからみて相手が欲望に忠実すぎる面は、あまり好きになれないかも。相手は良かれと思ってあなたと自分を最優先にした態度をとります。しかし、あなたからみてそれは、周囲への配慮が足りないものと感じるか、あなたの大切な人間関係に悪影響だと感じる場合もあるでしょう。

相手：ペンタクルスのキング

尊敬と緊張の入り混じった関係。あなたは相手のキャリアや才能に一目置き、相手はあなたの知性や人気に羨望の思いを寄せています。それだけに相手をあまり煩わせるのは気が引けるなどの理由から、疎遠になりがち。本当に必要なときに互いに惜しみなく助け合える相性なので、今は程よい距離で付き合ってみては。

相手：カップのペイジ

気持ちの優しい人だけど、不安定で自分のことを客観視できないカップのペイジ。あなたからみて未熟な側面は多々あるものの、嫌いではない相手でしょう。相手はあなたの公平さを「冷たさ」と解釈して、自分だけを見てくれないことに不満をもつかも。しかし、今のあなたは相手だけを特別扱いする気にはなりにくいでしょう。

相手：カップのナイト

カップのナイトの気遣いや周囲に対する配慮は、あなたからみて尊敬すべき美点です。しかし同時に、相手の繊細さや何でも我慢してしまう性質は、あなたにとって扱いにくい性質でもあるでしょう。この関係性においては、あなたがリードし続けることがうまくいく秘訣になるので、それに疲れるようなら距離を置いたほうが無難かも。

相手：カップのクイーン

良い意味でも悪い意味でも、あなたの思いどおりにならない相手です。言葉で伝えたつもりの周知の事案が、カップのクイーンにかかると会うたびに覆されてしまったり、その場の気分で変更されることもしばしば。そのたびにあなたは憤り、あまりにもナチュラルに自分の考えを遂行する相手にタジタジしてしまうことも。

相手：カップのキング

利害関係がぶつかれば、大変な対立と不仲になりかねない相性ではありますが、互いに争いごとを好まない姿勢なので、核心には触れずに穏便な関係を保つことはできるでしょう。何事も理詰めで画策しがちな今のあなたにとって、人情的なつながりや義理を重要視する相手のことが付き合いにくさの原因かもしれません。

自分の位置にカップのペイジ

PAGE of CUPS

あなたは今、相手に対する小さな愛着を自覚し始めたばかりです。「もしかしたら、この人と仲良くなれるかもしれない」「自分のことをもっと理解してもらいたいし、相手のこともわかってあげたい」。しかし具体的にどのように接近したらよいものか、思いあぐねている状態でしょうか。

相手：カップのナイト

あなたが相手に気に入ってもらおうとしている、素直な気持ちを敏感に察して、声をかけてくれるようなカップのナイトです。あなたの気持ちが楽になるように「タメ口でいいよ」などと、2人の間の垣根を取り払うような声掛けがあれば、なついてよいというGOサイン。素直に相手のことが好きだし仲良くしたいと伝えてみましょう。

相手：カップのクイーン

親子のようにしっくりくる相性の2人。普段はシャイな部分もあるあなたでも、なぜかすぐに素のままの自分で関わることができるでしょう。相手はあなたに、まったく気を遣っていないようにみえますが、ちゃんとあなたの繊細な部分を理解して、気楽なムードを作ってくれているのです。2人は大の仲良しであることを謳歌してよさそう。

相手：カップのキング

あなたからみて、包容力が深そうにみえるカップのキング。でも、何もかも見透かされているようで、少し近寄りがたいムードも。カップのキングは、親切で誠実だけれど、軽薄さや裏切りは許さない側面もあります。あなたがもつ一途な気持ちが本物であるならば、迷わず飛び込んでよい相手です。心を込めた付き合いを心がけましょう。

相手：ワンドのペイジ

意気投合する部分と、反発する部分が極端に出やすい相性です。今のあなたからみたワンドのペイジは、あまりにも子どもっぽく、わがままにみえるときもあります。しかし、それはお互いさまで、相手もあなたのことを繊細すぎで甘ったれていると感じているのかもしれません。ならば、許しあって楽しむしかないでしょう。

相手：ワンドのナイト

自由奔放で行動力のあるワンドのナイトと、接点をもつことはなかなか難しいかも。でも、純粋な動機があれば怖いもの知らずの飛び込み力で、相手の懐に入るところまでは行ける勢いのある、今のあなた。相手はベタベタした関係を好まないので、ほどよい距離を取ること。近づきすぎは禁物です。相手から追いかけさせる工夫を。

相手：ワンドのクイーン

あなたの人なつっこさを無下にできないワンドのクイーン。頼みごとはしっかり叶えてくれるし、何かと面倒をみてくれますが、それに甘えすぎるのはNGな相手。意外と独立心を求めるタイプのようです。ダメな人だと見下されないように、指示待ちせず、自分から動くように心がけるといいでしょう。

相手：ワンドのキング

あなたにとっては少し怖いワンドのキング。自信に満ちているし、自分の思い描いたイメージどおりに世界が動くことを望むような、影響力の大きい人物。相手は今のあなたのことを、恥ずかしがり屋で傷つきやすいナイーブなタイプとみなして、距離をとっているのかも。もっと接近したければ自分の強さを見せる必要がありそう。

相手：ペンタクルスのペイジ

一緒にいて楽しい相手ですが、なぜか互いを軽んじてしまいがちな相性。お互いの未熟さが目につきやすいので、他にもっと素敵な人がいるように思えたり、ペンタクルスのペイジの優先順位が後回しになってしまうことも。しかし、まったく気を遣わなくても楽しい時間を過ごせる相手は貴重なのです。もう少し相手を大事にしてもいいかも。

相手：ペンタクルスのナイト

スピーディーに人の気持ちを察して、具体的に動けるペンタクルスのナイトをあなたは尊敬せずにはいられないでしょう。しかし、それだけに自分の至らなさや未熟さが露呈するのではと、緊張感を持ってしまう相手でもあります。相手はあなたに完璧を求めているのではなく、安らぎやかわいらしさを求めているので安心してOK。

相手：ペンタクルスのクイーン

とても相性のよい2人。ペンタクルスのクイーンは、喜んでくれる人に自分の豊かさを分け与えることが好きだし、今のあなたは人から甘やかされたいときなので、需要と供給が一致しています。特に気を遣わなくても、察しあうことができるし、あなたにとって当たり前の行為を、相手は喜んでいます。

相手：ペンタクルスのキング

少し取っ付きにくい雰囲気をもつペンタクルスのキングですが、それは自分を飾らないタイプだから。必要以上に自分を大きくみせたり、威張るようなことはしません。地味だけど確固たる能力を持った相手を煩わせてはいけないと、あなたは遠慮しがちに。相手は素直で優しいあなたに安らぎを覚えているようなので甘えてOK。

相手：ソードのペイジ

今のあなたからみて、少し神経質で気難しく思えるソードのペイジ。あなたが何気なく使った言葉を曲解されたりすると「考えすぎ」と、驚く場合もあるでしょう。相手もあなたのことを別の意味でナイーブと感じているので、互いに気を遣います。言葉じりや細部にとらわれずに、関係性の全体を見とおすことが大事。

相手：ソードのナイト

頭の回転が速く、何でも器用にこなすソードのナイトは、今のあなたからみると、キツイ言動やクールな態度が気になる相手かも。一緒にいると、自分が愚鈍な気がしたり、バカにされているのでは？と心配になることも。ソードのナイトは軽妙な対話を求めているだけなので、言葉じりを敏感にとらえていちいち傷つく必要はなさそう。

相手：ソードのクイーン

細やかな気遣いと、洗練された人付き合いができるソードのクイーン。あなたに対しても、心地いい気遣いができて、一緒にいて快適な相手でしょう。他愛のない話から愚痴まで、どんな話題にも耳を傾け、スマートに答えてくれます。そんな相手を独占することは、今のあなたには難しいので、頑張って自分磨きを。

相手：ソードのキング

理知的で人望の厚いソードのキングは、今のあなたからみると遠い存在のように感じるかもしれません。決して取っ付きにくい人柄ではないのですが、一緒にいて自分が見劣りするような気持ちになるし、あなたから近づくのは難しいかもしれません。あなたがもっと独立心を持って自信を持ったときに、またアタックしてみましょう。

KNIGHT of CUPS.

自分の位置にカップのナイト

今のあなたは、自分の気持ちを積極的に相手に伝えたいという思いが強いようです。わかってもらいたいし、相手のことも深く理解して、良いことも悪いことも分かちあいたいと願うでしょう。そのためには、自分の弱みもさらけだすし、傷ついてもいいという潔さも。その姿勢が、多くの人の心の壁を溶かすことでしょう。

相手：カップのペイジ

人懐っこくて、手の内がバレバレなカップのペイジは、今のあなたにとってとても付き合いやすい相手です。一緒にいて安らぐし、余計な勘ぐりあいをしなくても、すぐに心を通わせることができます。少し物足りない部分もありますし、相手の未熟さや幼さが気になりますが、ご愛嬌の範疇でしょう。

相手：カップのクイーン

細やかな心のニュアンスを理解して、受け止めてくれるカップのクイーン。その場では受け流しているようにみえても、あなたのことをいつも優先にしてくれる相手の思いやりが心に染みます。似たような性質も多いため、それほど熱く盛り上がる相性ではありませんが、いざというときは頼りあえる思いやりでつながった素敵な組み合わせです。

相手：カップのキング

ごく自然に理解しあえる2人。今のあなたは他者とわかりあいたい反面、ナイーブな面も多く、対人面で傷つきやすい状態ですが、カップのキングと一緒にいるときはそんな心配はしなくて良さそうです。深い洞察力をもつカップのキングは、安易に人を傷つけるようなことはしません。相手の懐の深さを信頼して大丈夫です。

相手：ワンドのペイジ

あなたからみて、理解不能な点の多いワンドのペイジ。天真爛漫なようにみえるときもありますが、相手のいじわるな面がみえてしまうと見すごせないことも。ワンドのペイジは未熟にみえるので、欠点を指摘していじめたくなりそうな相性です。しかし、いじめたところで大した効果もなさそうなので、適度な距離を保った付き合いを。

相手：ワンドのナイト

似たもの同士なのに、ちょっと引っかかる組み合わせです。あなたからみたワンドのナイトは、陽気で無邪気を装った、あざといタイプのようにみえます。相手からみたあなたも、天然キャラを演じた計算高いタイプにみえる場合も。しかし、センスも合うし、一緒にいると盛り上がるので、ヒリヒリしながらも惹かれる要素も多いのです。

相手：ワンドのクイーン

ワンドのクイーンのように、自信に満ちて堂々とした人になりたいという気持ちもある反面、あなたからはちょっと傲慢にみえる相手。また、相手の単純明快さにも驚かされます。今のあなたは複雑な心理を繊細に扱うテクニックを持っているので、少し褒めただけでハッピーになってくれる相手は扱いやすいといえば扱いやすいはず。

相手：ワンドのキング

華やかで人望も厚く面倒見もよいワンドのキングは、あなたからみると孤独な人にみえます。心を通わそうとしても自分のやり方に固執したりプライドが高すぎて聞く耳を持たない相手だと感じてしまうことも。相手はあなたの優しさと繊細さを恐れ、そのため必要以上にあなたのことを感情的でちっぽけな人だとみなそうとする節も。

相手：ペンタクルスのペイジ

あなたからみるとペンタクルスのペイジがこだわっていることや大事にしていることは、取るに足りないものに思えるかも。それはお金や服装や容姿といった物質的な事柄だからです。今のあなたにとっては、そんなものよりも心のほうがずっと大切に思えます。それを相手に知らしめたくなっていじわるな言動をとってしまうことも。

相手：ペンタクルスのナイト

息ぴったりの2人ですが、意見がぶつかることも多そうです。お互い小さな引っ掛かりも見逃さない性質が一致しているのと、今のあなたが真実の愛をシビアに求めていることも原因でしょう。ペンタクルスのナイトは、そのシビアさから、逃げることも恐れをなすこともなく、納得するまで突き詰めてくれる相手です。

相手：ペンタクルスのクイーン

ペンタクルスのクイーンは、今のあなたの不安定さを、たちどころに消し去ってくれる能力をもつ相手です。一緒にいてとても落ち着きます。あなたは、人の心を巧みに扱うことができるし、よくモテるはずですが、いつもピリピリしていて落ち着くことができない側面も。ペンタクルスのクイーンの安定感は貴重です。

相手：ペンタクルスのキング

ペンタクルスのキングの揺るぎなさは、あなたに足りないものをうまく補ってくれます。親切で、人の気持ちを素早く察することができるあなたですが、具体的にどうすればいいのかを迷ってしまうようなとき、明確な方法を示してくれる相手です。また、尽くしがいのある相手なので一緒にいて安心できます。

相手：ソードのペイジ

一緒にいると、ついつい羽目を外してしまいがちな2人。ひとりだとできないこともソードのペイジとなら気が大きくなって悪ノリしてしまい、後で反省することも。相手もあなたといると楽しいし、つい興奮してしまうよう。しかし、どちらにも責任感はあまりないので、失敗したり関係がうまくいかないと罪の擦り付けあいになりがち。

相手：ソードのナイト

情報屋で交友関係の広いソードのナイトは、どちらかというと内気でナイーブになりがちな今のあなたにとって、ちょっとうらやましい存在かも。相手はあなたのもつ独特のムードを面白がっているようなので、仲良くなるのは簡単かも。しかし、そこからもう一歩踏み込んだ関係になるのは、互いに遠慮が発動して難しい組み合わせ。

相手：ソードのクイーン

どちらも聞き役に回ろうとして、譲り合いになるような関係。ソードのクイーンは話題の引き出しが多く、どんな個性の相手とでも接点を見つけることができますが、自分からはあまり積極的に動きません。あなたは、積極的に相手を知ろうとするけれど、話題には乏しく、どっちがイニシアチブをとるかが決まるまで少しギクシャク。

相手：ソードのキング

今のあなたからみると、厳しすぎる面の目立つソードのキングですが、言ってることは間違っていないし、人望もあるようです。相手はあなたの才能を認めた上で、認識の甘さや人任せな面を見逃さずに指摘したり、突き放すような態度をとるかも。成長の機会の出会いと割り切って自己鍛錬に集中するとよい関係になれそうです。

QUEEN of CUPS.

自分の位置にカップのクイーン

今のあなたには、人を育成する能力があります。相手の欠点や弱点を見据えた上で、許し受け入れることができるし、相手にもそういった包容力を持ってほしいと願っています。人はひとりでは生きていけないことを理解した上で、どのように助けあえばよいのかに関心が高まっている時期です。

相手：カップのペイジ

純真無垢に人の懐に入ってくるカップのペイジは、今のあなたに安らぎと喜びを与えてくれる存在です。自分の未熟さを隠そうともせずに、あなたの愛を求めてくる相手に、あなたは喜んで答えようとするでしょう。見返りを考えると、必ずしもイーブンに返してくれる相手ではありませんが、それも修行と割り切れる相性です。

相手：カップのナイト

察しがよく、かゆいところに手が届くような行動力をもつカップのナイトは、自分の敏感さがバレることを恥ずかしいと感じているのかもしれません。それを見抜いても気づかないふりをしてあげられるのが、今のあなたの良さです。相手の優しさに甘えてOKな関係。あなたがわがままなくらいのほうがちょうど良いでしょう。

相手：カップのキング

息の合う2人。心と心が通じあうので、多くの言葉や行為を必要とはしません。反面、ちょっとした不誠実が直観的に相手にバレることも。カップのキングは気持ちの切り替えがあなたよりも早いので、相手の機嫌が直れば、あなたもあまりクヨクヨ考えなくてよいでしょう。相手にリードされたほうがよい関係を築けます。

相手：ワンドのペイジ

かわいいけど、憎たらしい相手。自分の要求に対して素直に求めるペイジとは付き合いやすいし、それを満たしてあげることは今のあなたにとっては望むところ。しかし、ワンドのペイジには持つ持たれつとか、恩返しなどという概念がないようです。べつに見返りを期待しているわけではなくても、違和感を感じる場面があるかも。

相手：ワンドのナイト

本能の赴くままに行動するワンドのナイトは、あなたにとってどこまで尽くしてよいかの見極めが難しい相手です。どんなに奉仕したところで「好きでやっているのだから、かまわない！」という態度には不安を覚えるときも。この人の愛情はどれだけ尽くしたかで買えるものではなく、互いを高めあえる関係かどうかが大事みたい。

相手：ワンドのクイーン

何かとギクシャクしやすい相性かも。相手は今のあなたからは信じられないような価値観を持っているようにみえるし、相手からみたあなたも退屈でつまらない人とみなされやすいかもしれません。良かれと思って差し出した親切心が仇になるので、今はあまりあなたからアクションを起こさないほうが無難でしょう。様子見のときです。

相手：ワンドのキング

相手の要求や命令に素直に従っていれば問題なさそうなので、付き合いやすい相手といえばそうなのですが、尽くしがいがあるかというと疑問を感じてしまいそうです。あなたがたまに頼みごとをしたからといって、自分のペースを崩してまで聞いてくれるわけではない相手なので、今はほどほどに距離をとったほうが無難かも。

相手：ペンタクルスのペイジ

自分の欲望に忠実で、素直なペンタクルスのペイジは、今のあなたにとって付き合いやすい相手です。かゆいところに手が届くように、相手の要求を満たしてあげることができるあなた。しかも、気を遣わなくてもよい相性なので、無理なときは無理だと断ることのできる、心の余裕も与えてくれる相手です。

相手：ペンタクルスのナイト

あなたからみたペンタクルスのナイトは、極めて現実的な行動力を持った人。遠慮がちで、なかなか本心を言えないあなたにとって、機転のきくペンタクルスのナイトとは、付き合っていてとても楽と感じる場面が多いでしょう。多くを語らずとも、察してくれるからです。相手の辛辣な部分は、その代償として割り切りましょう。

相手：ペンタクルスのクイーン

ゴージャスな組み合わせ。2人で行動すると、なぜか自分の欲望に貪欲になりやすく、出費やエネルギーをたくさん使ってしまう相性です。優雅なひとときを過ごせる貴重な相手ですが、毎日ともなると見栄の張りあいになり息切れが来るでしょう。発散したい時ときに、相手を誘うくらいの距離がちょうど良い大人な関係を。

相手：ペンタクルスのキング

今のあなたからみて、頼れる相手。一緒にいて楽しいし、あなたの繊細な心をおおらかに満たして安心させてくれるペンタクルスのキング。メールよりも電話、電話よりも実際に会うほうが信頼関係を深めていくことができる相性なので、一緒に過ごす時間を大切にするとよいでしょう。別れてすぐにまた会いたくなるような肉体派な2人。

相手：ソードのペイジ

今のあなたからは多少軽薄にみえるソードのペイジですが、あなたのことを知りたいという気持ちは伝わります。それならばと、落ち着いて話をしようとしても、話題があちこちに飛んだり核心に触れるような話題をはぐらかされたりと、これ以上関係を深めることが難しいと感じる場合も。相手がリラックスできるような工夫を。

相手：ソードのナイト

あなたが相手に翻弄されやすい相性。相手の優しい言葉や困ったときの迅速なフォローなど、ソードのナイトはあなたを依存させるような性質を多く持ちます。しかしソードのナイトは気まぐれだし、誰に対してもそういった性質を発揮させているようにみえるかも。今は相手の言葉をいちいち真に受けず、真実だけをじっくりと見極めて。

相手：ソードのクイーン

社交家で人気の高いソードのクイーンと仲良くすることは、今のあなたにとってメリットの多いことかもしれません。一緒にいて楽しいし、あなたの悩みもよく聞いてくれます。しかし、あなたにとってはどこか満たされない信用できない相手かも。何もかも話して無防備になりすぎないよう用心を。

相手：ソードのキング

あなたからみたソードのキングは、甘えを許さない、厳しい人に思えるかもしれません。取りつく島がないように感じることもあるでしょう。それは彼（彼女）が、今のあなたのテーマである「人はひとりでは生きていけない」とは真逆である孤高の努力を続けてきたことが、理由のようです。ひとまずは相手が心地よい距離を尊重して。

自分の位置にカップのキング

今のあなたは、表面的な付き合いや社交辞令にはあまり興味が湧かず、それよりも人の心の奥深くに眠る深層心理や本音のほうに関心が向かうときです。相手のことを観察して、本心を鋭く見抜く能力にも自信があるでしょう。それだけに自分の本心をそうやすやすとは見抜かれないようなテクニックもあり、ガードの堅い面も出てきそう。

相手：カップのペイジ

あなたからすると、扱いやすい相手です。好き嫌いがすぐに顔に出るなど、本心を隠すような巧みさを持ち併せていないカップのペイジ。しかし、純粋な人特有の直観で、あなたの懐の深さを見抜いて、慕っているようです。特別気を遣わなくても2人の絆は固いので、あなたのペースで好きなように付き合える関係。

相手：カップのナイト

今のあなたからみて、繊細すぎて扱いにくい部分はあるものの、十分に相互理解を図れそうな相性です。カップのナイトは、ナイーブさを隠すかのように、トリッキーな態度をとったり、人の心をもて遊ぶような性質を出してくるときもありますが、あなたが落ち着いて対応すれば、たちまち心を開くでしょう。

相手：カップのクイーン

ナチュラルに馴染める相性です。カップのクイーンと一緒にいると、なぜかリラックスして自分のことを饒舌に語ることができるあなた。普段は相手を観察するほうに回る昨今なので、不思議に思うでしょう。相手はあなたのことを深く知りたいと思っていて、そうすることであなたを楽にできると考えているので、心を開いてOK。

相手：ワンドのペイジ

基本的には今のあなたの敵ではないし、扱いやすい相手ですが、ワンドのペイジには、あなたのロジックが通用しない部分があります。人の心理や人情を知りつくしたつもりでいても、純真無垢に自分の要求を優先するワンドのペイジには、適応できません。いちいち目くじらを立てても仕方ない相手なので、この関係を面白がること。

相手：ワンドのナイト

今のあなたからみたワンドのナイトは、元気いっぱいで面白い人。とはいえ、別段それ以上の関心や興味を抱くほどのこともなく、何となく付き合える相手でしょうか。恋愛で関わる場合は自由を愛するワンドのナイトを独占することの難しさを痛感させられそうなので、たまに会って盛り上がる相手として関わるほうがお互い楽かも。

相手：ワンドのクイーン

わがままで自由に振る舞うワンドのクイーンですが、仲良くなってしまえば意外に従順で面倒見がいいことにあなたはすぐ気付くでしょう。あなたにとってワンドのクイーンの自己顕示欲は、満たしてあげればそれだけ自分に尽くしてくれる便利な相手なのかも。自分に逆らわないかぎりは仲良くやっていけると感じるでしょう。

相手：ワンドのキング

緊張感の高い相性ですが、互いの気遣いでなんとかなりそうな組み合わせ。ワンドのキングは、周囲を思いどおりに動かそうと高圧的に振る舞うタイプ。あなたは義理と人情で相手を縛るタイプ。イニシアチブを取りたがる点では似たもの同士ですが、やり方は正反対。互いを支配しようとすることをやめて、相手のやり方を尊重できれば平和。

相手：ペンタクルスのペイジ

単純明快で付き合いやすい相手。ペンタクルスのペイジは、子どもっぽい目先の要求に奔走されるばかりで、物事の大枠がみえていない人に思えるでしょう。表面的なことよりも、その背後の真実や人の秘められた心に興味がある今のあなたからすると、ちっぽけなことを欲しがる相手の要求を叶えてあげるのは、たやすいことです。

相手：ペンタクルスのナイト

神経質そうにみえるペンタクルスのナイトですが、今のあなたにはその理由を理解することができる洞察力があります。相手の複雑で細かいニーズを察して同情を寄せるだけで、ペンタクルスのナイトはあなたの舎弟になって献身的に動いてくれるでしょう。互いの需要と供給が一致しやすく役に立ちそうな相手なので出会えてラッキーです。

相手：ペンタクルスのクイーン

今のあなたには、ペンタクルスのクイーンのニーズを細密に察することができる洞察力が備わっています。そのすべてを叶えてあげるかどうかは、関係性においてリードする立場にあるあなたにかかっているでしょう。相手は十分にあなたを尊敬しているし、恩返しと奉仕するつもりがありそうなので、心を尽くして OK な相性です。

相手：ペンタクルスのキング

ちょうどよい距離感で、長期的に付き合える相性です。あまりベタベタしなくても、相手の誠意はしっかり伝わるし、互いに尊敬できる要素があるので、長期間会わなくても、不安になったり、疑いが頭をもたげることは少ないでしょう。実際的な面では相手がリードして、心理的な面ではあなたがフォローする関係です。

相手：ソードのペイジ

今のあなたからみると、取るに足りない相手のはずなのに、なぜか無視できない存在感をもつソードのペイジ。会話の中で見え隠れする、相手の不安定さをあなたはどう扱ってよいか判断できないことも。相手の言うことをあまり真に受けず、少し時間と距離を置いて様子をみながら付き合っていきましょう。

相手：ソードのナイト

今のあなたにとって、あまり信用できる相手ではなさそう。心が通じあったと思える瞬間があっても、それは翌日になれば変化しているかもしれないし、あなたの秘密をソードのナイトは悪気なく誰かに漏らしてしまうかもしれません。相手はあなたのことを大切に思っているのですが、人を大切にすることの定義が少し違うのです。

相手：ソードのクイーン

2 人に共通点はあまりないけれど、悪くはない相性かも。今のあなたは関わりを持った相手の心理を探ろうとしますが、常に理性的で公平なソードのクイーンのそれは、なかなか見透かすことができません。相手はあなたの物静かな威厳に興味を持っているし、お互いに相手を知り尽くすのに時間がかかるので飽きることはないでしょう。

相手：ソードのキング

気を遣いあってバランスを保つ相性です。今の 2 人が相容れることは難しそうですが、相手をぞんざいに扱う気持ちにはなれません。あなたには深い共感力があるので、相手の都合や努力が理解できるからです。ゆえに取り立てて攻撃はしませんが、互いに相手のやり方に対する違和感や誤解の相違は少しずつ溜まっていきそうです。

おわりに

　この本が出るまでには、実に多くの紆余曲折がありました。2014年に出版された『スグヨミフレンドリータロット』から5年以上！

　通常私は、漠然とでも「こうしたい」と思い描いたことが実現するまでに、それほど多くの時間を必要としません。最初の勢いだけでゴールまで突っ走るタイプなので、手薄で荒削りなままではありますが、携わっている事柄に対して、執着やこだわりといったものが生まれるまでに手放すことに慣れているため、今回のように思い立ってから形になるまで時間がかかると、しだいに何もかもに対して疑心暗鬼になり、迷い、こだわり、恐れ、振り返り、そのくせ、「ここまできたら、かかった労力を無駄にしたくない」というようなわけのわからない感情まで生まれるのです。道のりの中程では、繰り返し自問自答しました。

　「こんなものを、なぜ出したいと思ったのか？」「誰が読むのか？」「いや、読んでほしいのか？」「そもそもタロット占いってなんだ？」「何もかも無駄だ」

　スグヨミからの5年間、さまざまな話し合いや、やり取りを経て、最終的に私は誰にも頼らずに、デザイン版組から校正、そして印刷屋への入稿まですべて自分でやろうと決意。それからは、何カ月も慣れないイラストレーターソフトと格闘しながら、文字の隙間を埋めたり、タイトルを四角い枠で囲うだけのために半日悪戦苦闘したりの日々を送っていました。始めたときは孤独だった作業も、プロのデザイン業を営む娘をはじめ、しだいに（またしても！）周囲を巻き込み、完成間近になった頃には、私が主催しているホラリー研究会の参加者であり、バニータロットの作家である日向いまさんが彗星のように現れ、誤字チェックを始め、

フォント違いや半角全角の訂正、内容の重複など、ありえないほど細密な作業を請け負ってくれました。

　そうしていよいよ、あと一息で印刷屋に入稿となったとき、私は作業の手を止め、本棚を眺めていました。目にとまった本は、『イニシエーション』(エリザベス・ハイチ著)。かなり以前に四柱推命研究の第一人者であられる鎌崎拓洋氏から、不思議な勧められ方をした本です。

　鎌崎氏とは、幽体離脱やレトリーバル(魂の救済)などの話ができるのですが、私がレトリーバルに強い関心がある理由を打ち明けていたら、「僕がフォーカス 27(フォーカス・レベルとは特定の意識状態を指す指標のこと。フォーカス 27 は、次の生へ転生できる"中継点"のレベル)で、モンロー(肉体を離れたロバート・モンローの霊魂)から勧められた本を読んでみる?　いけださんのことも書いてあると思うよ」とのこと。すぐにその本を注文したものの、そのまま放置して 1 ページも開いていなかったのです。

　今になって、吸いこまれるように本を拾い読みしながら、必要な情報をひととおり取り出したところで、最後の奥付ページに目を落とすと、「発行元 ナチュラルスピリット」「発行者　今井博揮」の名前が。

　ナチュラルスピリットさんには、占術師・田中要一郎氏との対談でおじゃましたこともあり、またアメリカの占星術師ベンジャミン・ダイクス氏来日の際、通訳として私を起用してくださったので、お世話になっていました。その流れもあり、少し前に今井さんから「リリスの本を出しませんか?」とのご連絡をいただいており、「書かせていただきたいです」と返信したのですが、私がタロットの本の校正作業にすべてのエネルギーと時間を奪われていたため、そのまま放置状態になっていました。

　そのとき私の中で、すべてのパズルのピースが合わさったよ

うな感覚があり、タロットカードを一枚引いてみたら、星のカードが。次の瞬間、今井さんに本書の発刊に協力いただけないかと、メールを書いていました。深夜1時を回っていたにもかかわらず、秒で今井さんから返信があったことも不思議でしたが、とてもフランクな感じで、「いいですよ(笑)」と通ってしまい、あまりのあっけなさに、嬉しい気持ちと同時に、少し恐ろしい気持ちになりました。せっかくここまで一人でやってきたのに……。自分はなぜ最後の最後に、同人誌スタイルではなく出版社から発売するいつもの方法を選ぼうとしたのだろう？　混乱で身体が震えました。

　このときの気持ちを説明するのは難しいのですが、この本にはすでに、「執着」という名の悪魔が宿っていたのです。あまりにも長く抱えてしまったせいで、しがらみ、世話になった人々への恩義、見栄、場合によっては「見返してやりたい」という復讐心……など、自分の中で最良の方法を欲張るモンスターが育ってしまっていたのでしょう。

　最終的に、今井さんにバトンタッチしてから私の心は憑き物が落ちたように穏やかになりました。編集の澤田さん、デザインの細谷さんらがすばらしく丁寧にサポートしてくださり、私が独りでできると息巻いていた作業がいかに素人仕事だったかを痛感しつつ、結局独りでやっている気になっていたときだって、多くの人に助けられながらしか何もできなかったことを思い知りながら、さまざまな道があってもそれを選んで経験する自分は、そこから同じようなことを学び取るのだということを理解できました。

最後のレッスン

　どちらかの道に正解があり、何かを選んだら間違いだとか損をするという「思い込み」から抜け出せるまでは、タロットカード

は悪魔のツールとして働くのかもしれないと思うときがあります。ほんとうは、自分が選ぶ道に正解も不正解もなく、どのような体験をどの程度の強度で、今の自分がしてみたいかを、その都度選ぶことが人生なのであれば、あらかじめ災いを避けることに何の意味があるのでしょうか。そんな当たり前のことを理解するまで、私はこの本を出してはいけなかったのかもしれません。

この本では、随所でタロットに対するフランクでフレンドリーなアプローチを説明しています。その考えは今も変わりません。しかし、タロットが「友達」であるからこそ、「あなたは友からのアドバイスをどの程度受け取りますか？　友達の意のままの人生を歩みますか？　あなたの人生はあなたのもので、誰かから見て立派に見えることや、愚かに見えることがそんなに重要ですか？」という基本に立ち戻るよう促す責任が、私にはあるように思えます。

必要であれば、タロットカードには何でも聞いてください。何度でも聞いてください。だけれども、決してそれに支配されたり言いなりにならないでください。選択肢のどちらかに正解があって、間違った選択をしたら大損してしまうだなんて思わないでください。人生の蜜は、結果や出来事ではなく、そこに至るまでのプロセスとそこで何を学ぶかのほうにあるのです。

そのことを忘れないでいられる人だけが、遊具や気さくな友達としてタロットの果実を味わうことができるのだと思います。

タロットは、正解の道を教えてもらって得をするための道具ではなく、今直面している出来事のテーマや意味を学ぶ手伝いをしてくれたり、一緒に考えを深めてくれる友のように語らい合う相手として有能でしょう。

いけだ 笑み　Emi Ikeda

宇宙のからくりと人間存在の謎について、物心ついたころから考え続け、古代占星術と錬金術思想にたどりつく。1999 年からプロの占星術家としての活動を開始。主にホラリー占星術の研究と実践に取り組みながら、東京、大阪、仙台、福岡などで講師活動やイベントを行っている。著書に『基本の「き」目からウロコの占星術入門 1』『基本の「き」目からウロコの占星術入門 2』『ホラリー占星術』（説話社）など。
http://astro.secret.jp/

フレンドリー・タロット

2020 年 6 月 19 日　初版発行
2020 年 7 月 1 日　　第 2 刷発行

著　者 ── いけだ 笑み

編　集 ── 澤田美希
装　幀
本文デザイン ── 細谷 毅

発行者 ── 今井博揮
発行所 ── 株式会社太玄社
　　　　　　TEL：03−6427−9268　　FAX：03−6450−5978
　　　　　　E-mail：info@taigensha.com　　HP：https://www.taigensha.com/
発売所 ── 株式会社ナチュラルスピリット
　　　　　　〒101-0051　東京都千代田区神田神保町 3-2 高橋ビル 2 階
　　　　　　TEL：03− 6450−5938　FAX：03−6450−5978
印刷所 ── 中央精版印刷株式会社